いま読む！名著

ハイデガー『技術とは何だろうか』を読み直す

森 一郎 Ichiro MORI

核時代のテクノロジー論

現代書館

いま読む！名著

核時代のテクノロジー論

ハイデガー『技術とは何だろうか』を読み直す

＊

目次

序章

ナチズム問題とテクノロジー論

毀誉褒貶の的となった哲学者

二〇世紀を代表する哲学者、マルティン・ハイデガー（一八八九－一九七六年）。「存在《ある》とは何を意味するのだろうか、という問いをあらためて立てる」*1 ことを宣言した主著『存在と時間』は、一九二七年に発表されるや、世界的反響を呼び、哲学史上の古典の地位を確立した。この書の影響力はその後も衰えを知らず、今日まで現代思想の主要源泉であり続けている。戦争と革命の世紀を生きた哲学者は、以後半世紀にわたって、同時代を見据えての原理的思索にはげみ、形而上学の歴史との対話を倦《う》まず試みた。

世紀を超えて名を轟かせている巨星が、しかしその一方でスキャンダルを抱え、噂話のタネにされることは、ありがちな話ではある。だが、われわれの哲学者の場合、事は生易しくない。ハイデガーには長らくダーティーなイメージが付きまとい、とりわけ本国ドイツでは、この巨星は堕ちた星となりつつある。死後四十年経ってなお、生前からの汚名にまみれ、名誉回復どころか、これまで以上に白眼視されるに至っている。ドイツの大学では、ハイデガー哲学を専門的に研究する道が塞がれようとしているほどである。

ドイツ人のお国自慢であってよいはずの哲学者が、かくも問題視されるのはなぜか。

「ハイデガーはナチだった」――答えはこの一言に尽きる。それがあたかも殺し文句のようにドイツの思想界に今なお響き渡っているのである。

一九三三年、アドルフ・ヒトラー率いる「国民社会主義ドイツ労働者党」つまりナチ党が政権を掌握した直後、フライブルク大学では、ハイデガー教授が選ばれて学長となった。就任してすぐ、ナチ入党も果たしている。学長就任演説「ドイツの大学の自己主張」を引っ提《さ》げて登場した哲学者の学長は、しかし一年足らずで学長職を退き、その後はふたたび思索に沈潜するようになる。ナチ・ドイツはヨーロッパに軍靴の音を轟かすも、一九四五年、ヒトラーが自殺して国家は壊滅、ドイツは無条件降伏した。敗戦後のドイツには、非ナチ化の嵐が吹き荒れる。ハイデガーもかつてのナチ加担を咎《とが》められ、フライブルク大学から教授資格停止という厳しい処分を受ける。その処分が一九五一年に解けたあとでも、死ぬまで、いや本人の死後もずっと、ナチ関与を非難され続けてきたのである。

「黒ノート」をめぐる騒動

『存在と時間』は二〇世紀の哲学・思想の骨格を定めた。ハイデガー没後も、彼の影響を受けた思想家は次々に現われている。ポストハイデガーの旗手の一人ジャック・デリダ(一九三〇-二〇〇四年)の名声が高まった頃、ハイデガーの元弟子ヴィクトル・ファリアスの『ハイデガーとナチズム』が出版された(フランス語版一九八七年、ドイツ語版一九八九年、日本語版一九九〇年)。ハイデガー生誕百年記念の年に世を席捲した「ハイデガーはナチだ」というレッテル貼りは、デリダ叩きという様相もおびていた。[*2] 哲学上の議論が深まることのないままいったん沈静化したかに見えたスキャンダルが、数年前から改めて蒸し返されるようになった。ハイデガーが一九三〇年代から四〇年代にかけて記した膨大な手記「黒ノート Schwarze Hefte」が、二〇一四年以降、全集の遺稿編の巻として次々に出版され、そこに「反ユダヤ主義」を肯定するかのような言辞が散見されるのが判明したからである。

第二次世界大戦中にナチが行なっていた途方もないユダヤ人絶滅政策が戦後、次第に明らかとなり、

「人道に対する罪」と断ぜられて以来、「反ユダヤ主義」を肯定することは、人類への挑戦と非難されることを覚悟しなければならない軽挙となった。ハイデガーは、自分の手記にそのようなタブーに触れる文言が含まれていることを自覚のうえで、自分の死後公表せよと遺言を遺したのである。「黒ノート」刊行の前からハチの巣をつついたような論争が各国で起こり、とりわけドイツでは、ハイデガー研究はこれでもう終わりだ、と溜め息を洩らしたくなるほど、「反ユダヤ主義者ハイデガー」に対する反感、嫌悪が勢いを増した。もうハイデガーは読むに値しない、というわけである。*3

日本でハイデガーをどう読むか

わが国は、ハイデガー哲学の受容において、世界に冠たる地歩を占めてきた。日本人とハイデガーとの付き合いは、ハイデガーがフライブルク大学私講師だった一九二〇年代初頭から始まっている。現象学の創始者にして哲学科正教授であったエトムント・フッサール（一八五九―一九三八年）に学ぶつもりで日本からフライブルク大学にやってきた田辺元（一八八五―一九六二年）は、フッサールの助手を務めていた少壮哲学者に魅了され、若きハイデガーの講義に出席した報告文――おそらく世界初のハイデガー論――「現象学に於ける新しき転向」を、一九二四年に『思想』誌に寄せている。ハイデガーがマールブルク大学の員外教授に転身してからも、三木清（一八九七―一九四五年）、九鬼周造（一八八八―一九四一年）といった俊英が、ハイデガーにじかに学び、それを養分として独自の思索を育んでいった。『存在と時間』刊行年にベルリンに留学した和辻哲郎（一八八九―一九六〇年）にしても、当時この新刊書を読み耽った経験によって、以後の思想の歩みが決定されたほどである。*4

戦後も日本でのハイデガーに対する関心は衰えず、今日なお研究は盛んである。ドイツと同じく第二次世界大戦で連合軍に惨敗した国だが、さすがに「ハイデガーはナチだ」からと研究が忌避されるには至っていない（敵視する向きも多いが）。しかしだからといって、ハイデガーのナチズム問題を他人事と済ますわけにはいかないだろう。では、われわれとしては、哲学と政治の間柄に関わるこの厄介な問題を、どう考えたらよいのか。

一時の気の迷いや政治への色気から哲学者がナチズムに近づいただけなら、話はむしろ容易であろうが、そうは考えにくい。大学人ハイデガーには、相応の野心があった。もともと第一次世界大戦後の「若い世代」に属し、閉塞した学問の現状を刷新すべく哲学ルネサンスに乗り出そうとした彼は、理論と実践の分断以前の「世界内存在」を丸ごと、哲学のテーマに置き据えた。そこでは、思索と行為、学問的生と現実経験が、生きた全体において融合するとされたのである。知的探究と実生活は、いや大学と国家も、なんら別物ではなく、渾然一体となって危機に立ち向かうべきなのであった。「理論と実践の合一」――この主張自体は、われわれにとって真新しいものではない。それどころか、今日なお、同じ理屈で「大学改革」や「学者の社会参加」が熱心に行なわれている。なるほど、「民族との一体化」を大学政策の看板に掲げても、現代人の支持は得られないだろうが、大学が社会に寄り添って「社会貢献」「社会実装」を果たすことは望ましい、と誰もが考えて怪しまない。その意味では、学長ハイデガーの大学改革構想は、現代日本で叫ばれている大学改革路線をとっくに先取りしたものだった。そこに孕まれている問題にわれわれが敏感であらざるをえないゆえんである。

では、ハイデガーをめぐるこの錯綜した事情をどう考えたらよいのだろうか。

ハイデガーと労働の問題

学長ハイデガーから教えられる今日的テーマは、大学改革問題ばかりではない。

フライブルク大学の学長が就任演説「ドイツの大学の自己主張」でぶち上げた、いわば「大学－民族－運命共同体」構想は、その統合化のための公分母を必要とした。そこで持ち出されたキーワードが「労働」であった。人間のあり方の根本に「労働」を据え置く人間観が、公然と打ち出されたのである。大学人に、民族のための――「知的奉仕」のみならず――「労働奉仕 Arbeitsdienst」を義務づける方針を、ハイデガーは推し進めようとした。そしてそれは、国民社会主義ドイツ労働者党が党是に掲げた「労働国家」政策に見合うものだった。「労働者としてのドイツの学生」の学長訓話[*5]が、全国民を労働者へと画一的に同質化することをめざしたナチの基本政策に沿っていたことは否めない。学長ハイデガーの立ち居振る舞いには、労働党への迎合と言われても仕方ないところがあった。

だがこの点も、現代のわれわれには、他人事のように受け流すことはできない。

われわれが一人前と見なす「社会人」とは、要するに「賃金労働者」のことである。学校は、労働者の徳である「勤勉」を子どもたちに身につけさせる調教施設となり、学生は、就職予備校もどきの大学に入るや、労働《アルバイト》や就活や奉仕活動《ボランティア》に忙しい毎日を送っている。大学の研究室では、若手研究者が研究奴隷のように労働に明け暮れ、教員も研究業績作りに駆り立てられ、加えて教務以上に膨大な雑務に追われて、息つく暇もない。学園全体が、研究室ならぬ「労役場 laboratory」キャンプと化したかのようである。

労働を公分母とする「労働社会」にどっぷり浸かったわれわれには、学生に勤労奉仕を鼓吹した学長ハイデガーを嗤《わら》うことはできない。労働中心に人間を捉える見方は、ナチズムの専売特許だったわけではない。近代という時代全体が、労働中心主義を核心に据えてきたのだ。ここに、今なお重要な問題がひそんでいることは間違いない。*6

労働奉仕への総かり立て体制

ところで、学長を辞めたハイデガーはその後、どんなことを考えたのだろうか。

辞任して沈潜期に入った一九三〇年代半ば以降、ハイデガーの思索は「転回」を迎えた、と言われてきた。いや、むしろ「転回 Kehre」とは思索の事柄を意味するのだ、とする説も含めて、さまざまな憶測がこれまでなされたが、一つだけ確かなことがある。後期ハイデガーの基本主題の一つに、「技術」が据え置かれた、ということである。

戦後、発言の機会もままならなかったハイデガーに、自説を述べるチャンスが訪れた。一九四九年、ブレーメンでの連続講演に招かれたのである。その講演原稿「有るといえるものへの観入」の全体は生前、公表されなかったが、一九九四年になって全集第七九巻として公刊された。それを読むと、あたかもそれまでの思索を総決算するかの迫力で新境地を拓こうとする哲学者の意気込みが感じられる。そこには、名誉回復《リハビリテーション》を図ろうとする積年の怨念のごときものすら漂っている。それればかりではない。後期の思索の輪郭がそこに示されたのである。講演全体のテーマは——現代技術の本質。二度の世界大戦を通じて飛躍的に進んだテクノロジーに関する哲学的省察の試みであった。

これはあとで詳しく見ることになるが、ハイデガーは、現代技術の本質を「総かり立て体制 Ge-

Stell」のうちに見出す。「ゲーシュテル」とは、人も物も、およそありとあらゆる一切をかり集め、その気にさせては力をむしり取り、拡大再生産へとかり立てて自己増殖を遂げる巨大なシステムのことを指す。この用語を導入しているブレーメン第二講演「総かり立て体制」の或るくだりで、ハイデガーはさりげなくこう述べる――「昨今では人びとは、男も女も労働奉仕にかり立てられることを余儀なくされます。人間が徴用して立てられるのです」[*7]。

「労働奉仕 Arbeitsdienst」という言葉は、ほかでもない、学長時代のハイデガーが演説や訓話で乱発した時局語であった。そのことに本人がどこまで自覚的であったかは不明だが、戦後のハイデガーは、万人をひとしなみに労働へかり立てる現代技術の動向に批判的まなざしを向ける視点を獲得し、それにもとづく哲学的テクノロジー論を大々的に展開したのである。それは、学長時代の自分のスタンスに対するリベンジだったと言えなくもない――自己批判であったとは言えないにしても。

だとすれば、こう言えるだろう。――ハイデガーは今日、読むに値する。べつに「黒ノート」を、というわけではない。ナチズムとの因縁に決着をつけるべく、哲学者が全力で取り組んだ戦後の技術論をこそ、読むべきなのだ。そこでは、大学の危機と労働至上主義をめぐる現代の問題がまさにテーマとなっている。テクノロジーが二一世紀に生きるわれわれの最大のテーマの一つであり続けるかぎり、ハイデガーの技術論は、汲めども尽きせぬ思考の源泉なのである。

核時代のテクノロジー論の始まり

序章で説明しておくべきことが、まだいくつかある。まずは、本書のタイトルの趣旨を説明しておこう。

一九四九年のブレーメン連続講演は、その「まえおき」で、「原子爆弾の爆発」にふれている。しかもそれは、のちに見るように、決して通りすがり的な話題ではなかった。ハイデガーは、当時の言葉で言う「原子力時代 Atomzeitalter」のはらむ問題群に、真正面から立ち向かった哲学者であった。そこに展開された技術論は、それゆえ、核時代のテクノロジー論というべき内容をそなえている。それは、3・11以後に現代技術について考えようとする者にとって必読のテクストなのである。

第二次世界大戦後には、カール・ヤスパース（一八八三―一九六九年）をはじめとして、原爆の惨禍と核の脅威に関する哲学者の発言には事欠かなかった。また、ハイデガーに直接教えを受けた世代によって、戦後のテクノロジー論は豊かなものとなった。すぐ思い浮かぶだけでも、ヘルベルト・マルクーゼ（一八九八―一九七九年）、ギュンター・アンダース（一九〇二―一九九二年）、ハンス・ヨーナス（一九〇三―一九九三年）、ハンナ・アーレント（一九〇六―一九七五年）がいる。いずれも強烈な問題意識をもって技術論に取り組んだ錚々《そう》たる顔ぶれである。

しかしそうはいっても、古代ギリシアのテクネー概念へ遡り、近代科学の成立事情を辿り、現代の出来事の根本にひそむものを射程に収める「技術への問い」は、ハイデガーならではのものである。原子力技術を存在論の問題次元にまで問い進めるそのスケールは、他に類例がない。

なるほど、技術に関する鋭利な考察なら、哲学史のあちこちに見られる。カントもヘーゲルもマルクスもニーチェも、技術論に少なからぬ貢献をしている。だが、元素を「挑発」して地上に「虚無」を現出させるという二〇世紀の人類史的事件を踏まえたものと、それ以前のものとでは、いかんせん決定的な違いがある。その分水嶺のこちら側から見ると、やはりハイデガーの技術論は、核時代のテクノロジー論の始まりの位置に立つ。その視点から現代の古典をじっくり読み直すことに、本書では取り組みたいと思う。

本書の六章構成

さらに、前もって説明しておくべきは、本書の構成つまり章立てである。『存在と時間』の著者は、形而上学の流れを汲む存在論の刷新を企てることで、哲学界に名乗りを上げた。そのハイデガーが、戦後にテクノロジー論で再デビューを飾るなどということが、どうしてありえたのか。じつはそこには、急ごしらえではない、哲学者なりの一貫した問題意識があった。そこで、まず第1章「ソフィア・フロネーシス・テクネー」では、ハイデガーの思索の道における技術論のコンテクストを洗い直すことから始めよう。とりわけ、主著『存在と時間』との連関は重要となる。

この書では、技術論はそれほど中心を占めているようには見えないが、技術（テクネー）というテーマは、『存在と時間』の成立に与《あずか》った独特のアリストテレス解釈と密接に結びついた形で、つとに浮かび上がっていた。そこに姿を現わした哲学・政治・技術の三つ巴は、学長時代のハイデガーの政治的関与という問題にも光を当てるだろう。

序章と第1章での準備を踏まえて、第2章からは、ハイデガーの技術論の主要テクストを三つ選び、じっくり読み解いていく。この三篇はいずれも、後期ハイデガーの思索の境涯を示す代表的作品である。

第2章「**物と世界**」では、一九五〇年のミュンヘン講演「物」[*8]を取り上げる。まず、講演の背景をなす「原子爆弾の爆発」という根本経験にふれ、そのうえで、制作された道具である瓶《かめ》という身近な物に、天・地・神・人の四者からなる広大な世界が照り映えるさまを見届けていく。続く第3章「**ハイデガーの建築論**」では、「物」講演の姉妹編とも言える一九五一年のダルムシュタット講演「**建てること、住むこと、考えること**」[*9]を読み味わう。天・地・神・人というエレメントを取り集める場所としての建物を建てるという営みと、そのようにして大地に住むという営みについて考える。この二つの講演テクストは、即物的、具象的な記述に富み、詩作的思索の試みとしても味わい豊かである。

さらに、第4章「**テクノロジーを哲学する**」と、第5章「**救いとなるものとは何か**」では、ハイデガーの技術論の代表作である、一九五三年のミュンヘン講演「技術への問い」——本書ではタイトルを「**技術とは何だろうか**」[*10]と訳す——を、核時代のテクノロジー論の中心テクストとして読解していく。そこで展開された「総かり立て体制」論と、その原型たるブレーメン講演との異同にも、目を配ることにしたい。ハイデガーは技術の「本質」を問い、また技術を「真理」の観点から捉えようとした。かくも筋金入りの哲学的技術論が、しかし急転直下、技術時代に救いはあるか、という問いを焚きつけるのである。

第2章と第3章、第4章と第5章は、それぞれ組になっており、前者の「世界」篇と、後者の「総かり立て体制」篇が、光と影のコントラストをなして向き合っている。

以上のテクスト読解を踏まえて、第6章「**作ること、労わること、保つこと**」では、プラトンの「エロース」論を手がかりに、作り出し産み出すという営み、つまりポイエーシスの多義性がどれほどの広がりで解されるか、さぐってみたい。総かり立て体制下の「徴用」や「挑発」とは異なる、「労わり」や「メンテナンス」という仕方での物たちへの配慮《ケア》のあり方に、あらためて光を当てよう。それを承けて、終章では、ハイデガーの他の技術論考も視野に収めつつ、核時代のテクノロジー論のゆくえを大胆に展望してみたい。そこに、何百年、何千年もの時代を隔てた人びと同士の相互交流の余地、つまり隔世代倫理の可能性がひらけてくることを、われわれは見出すだろう。

プラトンとアリストテレス、そしてアーレント

本書の全般的スタンスに関して、もう少し言い添えておきたいことがある。

核時代のテクノロジー論と銘打ったが、古代以来の哲学史が現代的テーマを考えるうえでの宝庫であることは強調しておかねばならない。本書では、第1章でアリストテレスを、第6章でプラトンを参照している。これは、もちろん一つには、ハイデガーの議論が古代ギリシアへの参照を促しているからだが、もう一つねらいがある。現代の切迫した問題を掘り下げるには、古今を行きつ戻りつする、伸びやかで悠長な思考が求められるのである。最新の話題にすぐ飛びついて視野狭窄に陥るのを防ぐには、そのような解釈学的往還の作業が役に立つ。時代を遠く隔てての対話の試みは、隔世代倫理の実践ともなろう。

もう一点。以下ではもっぱらハイデガーの技術論テクストの味読に努めるが、その読解を導く視点として、先ほど名前の挙がったハンナ・アーレントの思考を念頭に置くことにしたい。アーレントならどう読むか、とどこかで考えながらハイデガーの技術論を読む、というやり方である。じつはこれ

は、一見そう見えるほどには恣意的とは言えない。

戦後にハイデガーが打ち出した技術論に、アーレントはリアルタイムで接していた。そのことは『アーレント＝ハイデガー往復書簡』に明らかである。しかもハイデガーはみずからの思索をアーレントに理解してほしいと願っていた。じっさいハイデガーは、アーレントとはじめて出会った一九二四／二五年冬学期マールブルク大学講義『プラトン『ソフィスト』』で「テクネー」を論じて以来、自分は技術への問いを問い続けてきたのだと、戦後にアーレントへ書き送った手紙のなかで、思い入れたっぷりに述懐している。*11

アーレントは超のつくほどの皮肉屋であり、表向きの態度ほどには旧師の求めに応じたわけではなかったが、ハイデガーの思考から刺激を受けてみずからの思考を展開したことはたしかである。ハイデガーからアーレントへという二〇世紀哲学の太い流れにおいて、テクネー論は重要なトピックをなすのである。この注目すべき文脈を無視しないよう、以下では心がけたい。とはいえ、それがでしゃばるようにはしないつもりである。

テクストの翻訳と、本書で用いる略号について

本書で引用するハイデガーのテクストは、引用者自身の翻訳によるものである。既存の訳書の恩恵を蒙ったこと、また、先達への感謝を忘れるべきではないこと、は言うまでもない。とりわけ、主たる三つのテクスト――「物」、「建てること、住むこと、考えること」、「技術とは何だろうか」――を引用するさいには、講演原稿というもともとの性格を活かして、ですます調の話し言葉を用い、淀み

ない口調となるよう努めた。
ハイデガーが一九五四年に出した単行本『講演と論文』所収のこの三つの講演テクストの新訳文庫を、このたび私は、本書に先行して出版した。マルティン・ハイデガー『技術とは何だろうか　三つの講演』（森一郎・編訳、講談社学術文庫、二〇一九年三月）がそれである。本書『核時代のテクノロジー論』を読むうえでは必ずしも必要ではないが、もともと本書の企画が機縁となって新たに編集して世に送り出した訳書の参看を、訳者としては、本書の読者にやはり希望したいと思う。
本書で比較的多く引用・参照するハイデガーのテクストに関しては、慣例により、次の略号を用い、引用・参照のさいには、略号に続けて原書ページを記す。詳しい書誌情報は、巻末の参考文献リストを参照されたい。

GA = *Martin Heidegger Gesamtausgabe*, Klostermann, 1975-（＝『マルティン・ハイデガー全集』。創文社版日本語全集のページ欄外には、このクロスターマン社版ドイツ語全集の原書ページが添えられている。ただし未邦訳の巻も少なくない。）

SZ = Martin Heidegger, *Sein und Zeit* (1927), Niemeyer, 15. Aufl., 1979（＝『存在と時間』。邦訳書は十種類以上あるが、多くはページ欄外にこの単行本原書ページを記している。）

VA = Martin Heidegger, *Vorträge und Aufsätze* (1954), Neske, 5. Aufl., 1985（＝『講演と論文』。一九五四年初版のこの論文集から「技術とは何だろうか」、「建てること、住むこと、考えること」、「物」を選んで訳した拙訳書『技術とは何だろうか　三つの講演』のページ欄外には、一九八五年の原書第五版のページを添えた。このネスケ社版原書VAのページ付けは、『講演と論文』を収めたクロスターマン社版ハイデガー全集第七巻GA7のページ欄外にも記されており、参照に便利である。なお「物」は、創文社版ハイデッガー全集第七九巻GA79所収のブレーメン講演版からの拙訳もある。そこで、「物」から引用する場合は、単行本VAのページだけでなく、全集第七九巻GA79のページも添えた。）

G＝Martin Heidegger, *Gelassenheit* (1959), Neske, 8. Aufl., 1985（＝『放下する平静さ』。邦訳は、マルティン・ハイデッガー、『放下』、辻村公一・訳、理想社、一九六三年。この単行本に収められた一九五五年の講演「放下する平静さ」は、クロスターマン社版全集では第一六巻に収録されており、このテクストから引用する場合は、単行本Gのページだけでなく、全集第一六巻GA16のページも添えた。）

＊1　Martin Heidegger, *Sein und Zeit* (1927), Niemeyer, 15. Aufl., 1979, S. 1.（「Aufl.」は「版 Auflage」、「S.」は「ページ Seite」の意。）邦訳は、原佑、渡邊二郎・訳、『存在と時間』I～III、中央公論新社、二〇〇三年、と、高田珠樹・訳、『存在と時間』、作品社、二〇一三年、の併用を薦めたい。

＊2　デリダは、あたかも機先を制するかのように、機知に富むハイデガー論『精神について』を一九八七年に著わしている（邦訳は、港道隆・訳、人文書院、一九九〇年刊）。

＊3　「黒ノート」をめぐる議論については、次の二冊を参照。ペーター・トラヴニー、中田光雄、齋藤元紀・編、『ハイデガー哲学は反ユダヤ主義か――「黒ノート」をめぐる討議』、水声社、二〇一五年。『現代思想』第四六巻第三号、総特集「ハイデガー　黒ノート・存在と時間・技術への問い」、青土社、二〇一八年二月（臨時増刊号）。私の立場は、前者に寄稿した拙論「ハンナ・アーレントと「反ユダヤ主義」――アーレント『ユダヤ論集』を読む」で明らかにしたが、かいつまんで言うとこうなる。「反ユダヤ主義という大問題をハイデガーの遺稿の片言隻句をとらえて議論しても掘り下げることにはならない。矮小化するのが関の山だ」。「黒ノート」騒動は早くも賞味期限切れとなったが、

結果としてハイデガーのダーティーなイメージは残った。「黒ノート」については、終章も参照。

*4 近代日本哲学史におけるハイデガー受容の卓越した位置に関しては、嶺秀樹『ハイデッガーと日本の哲学――和辻哲郎、九鬼周造、田辺元』、ミネルヴァ書房、二〇〇二年、を参照。ハイデガーと九鬼に関しては、拙著『死と誕生　ハイデガー・九鬼周造・アーレント』、東京大学出版会、二〇〇八年、も参照。

*5 「ドイツの大学の自己主張」も「労働者としてのドイツの学生」も――終章で取り上げる「放下する平静さ」も――ハイデガー全集第一六巻所収。本巻の邦訳が待たれる。

*6 学長ハイデガーにまつわる大学問題および労働問題に関して、詳しくは、拙著『ハイデガーと哲学の可能性　世界・時間・政治』、法政大学出版局、二〇一八年、の第十一章「ハイデガーにおける学問と政治」と第十二章「労働のゆくえ」を参照。

*7 Martin Heidegger, *Bremer und Freiburger Vorträge*, Gesamtausgabe Bd. 79, Klostermann, 1994, S. 27;『ハイデッガー全集第七九巻　ブレーメン講演とフライブルク講演』、森一郎・訳、創文社、二〇〇三年。強調は引用者。

*8 Martin Heidegger, "Das Ding", in: *Vorträge und Aufsätze* (1954), Neske, 5. Aufl., 1985, S. 157-175. 邦訳は、森一郎・編訳、『技術とは何だろうか　三つの講演』、講談社学術文庫、二〇一九年、所収。あとの二つの講演の邦訳も、同訳書所収。

*9 "Bauen Wohnen Denken", in: *Vorträge und Aufsätze*, S. 139-156.

*10 "Die Frage nach der Technik", in: *Vorträge und Aufsätze*, S. 9-40.

*11 ハイデガーは、一九五三年一一月のミュンヘン講演「技術とは何だろうか」が印刷されたら送る、とアーレントに宛てて記した同年一二月二一日付の手紙の中で、次のように書いている。「私が技術論講演でテクネーについて述べたことは、遡ればずっと昔、つまり、君が私のもとで聴いた最初の講義だった『ソフィスト』講義の序論に、端を発しているのです」(Hannah Arendt / Martin Heidegger, *Briefe 1925-1975*, Klostermann, 1998, S. 139-140;『アーレント＝ハイデガー往復書簡　一九二五－一九七五』、大島かおり、木田元・訳、みすず書房、二〇〇三年、一一三ページ)。

第1章

ソフィア・フロネーシス・テクネー

もしくは哲学・政治・技術

本章では、ハイデガーの技術論をいま読み直す意味について
主著『存在と時間』、さらには、古代ギリシアにおける哲学の原点、
とりわけアリストテレスまで遡って考えていきたい。
そこに見られる、哲学・政治・技術の「三つ巴」は、現代社会とは
大きく異なっているが、技術について原理的に考えようとする者にとって、
その理解は避けて通れない問題だ。そして、その絡み合いの中で
ハイデガーが陥った「政治的蹉跌」は、今日の私たちと決して無縁なものではない。

1 「理論／実践」問題の起源へ

ハイデガー哲学の出発点

ハイデガーが第二次世界大戦後に打ち出したテクノロジー論には、一九三〇年代にコミットしたナチズム問題を自分なりに反芻した形跡があると、序章でそう述べた。ハイデガーが現代技術の本質として捉えた「ゲーシュテル」とは、人間を労働する存在へと還元し、自発的服従へとかり立ててやまない総動員システムのことを意味する。しかも、この臨戦態勢自体は、戦争が終わってもじつは終わっていない。ヒトとモノの一切を無差別に資源として徴用しては、拡大再生産にひた走る巨大収奪機構は、地球規模でいよいよ拡大を遂げている。近代的生産様式とは何かという人類史的テーマを考えようとする者にとって、ハイデガーの技術論を読み直す意味があるのは明らかであろう。

それればかりではない。ハイデガーの技術論は、二〇世紀前半に人類が開発し、すぐさま実用に供した核テクノロジーを、リアルタイムで問おうとするものだった。原子物理学の躍進と原子爆弾の炸裂という巨大な出来事によって亀裂の入った時代のこちら側で、当の出来事について問いを発したのが、ハイデガーである。だからそれは、3・11以後の哲学の可能性を見定めるうえで必読の原子力論なのである。

とはいえ、二一世紀の状況に一足飛びにのめり込むことは控えよう。戦後ハイデガーの重要テクストの読解の基礎固めをするために、まずは一九二〇年代のハイデガー哲学の出発点を押さえることから始めることにしたい。

ハイデガーは、二〇代後半で第一次世界大戦を体験した戦中世代に属する。ヨーロッパを荒廃させた総力戦をくぐり抜けた彼らの眼には、旧来の世界観や伝統的権威は、総じて失効したかのごとくであった。まさしく「限界状況」というべき苛烈な現実を見据えて、「生」や「実存」といった言葉をキーワードに、新しい哲学を切り拓こうとする哲学徒の一人であったハイデガーは、しかし、あたかも古典に沈潜するかのように、古代ギリシアにおける哲学の原点に向かっていく。アリストテレスの『形而上学』や『ニコマコス倫理学』といった古典を新たな光のもとで読み直す作業を、みずからに課したのである。

そこにあった問題意識とは何であったか。学問の意味空洞化の危機に臨んで、学問そのものの根源的意味を問い直し、甦らせようとする強烈なモティーフがそれであった。

理論と実践の合一という課題

学問が生とかけ離れたものとなり、知と行為が完全に分離してしまっている状況では、学問それ自体に意味を見出すことはできず、生活に役立つ成果や実益を期待されるのが関の山である。今日では、社会貢献、人類の福祉、苦しんでいる人びとを救うといった大義名分が説かれるが、その場合でも、学問自体には意味がないことが前提になっている。この問題状況を表現する言葉が、「理論と実践の乖離」という一句である。理論が独り歩きして、実践と遊離しているのは良くない、理論と実践の合一こそめざすべきだ、と力説される。最高度に理論的であろうとしてきた哲学にとって、この問題は看過できない。

若きハイデガーも、この「理論／実践」問題を真剣に考えようとした一人であった。知と行為の分断に陥ることなく人間存在の全体を捉える哲学の再出発のための主題設定こそ、『存在と時間』で提唱された「世界内存在 In-der-Welt-sein」にほかならない。「実存 Existenz」という用語にしても、ただ生きることに汲々とすることではなく、学問的生、哲学的実存がもっぱら考えられていた。生きることと哲学することが一つであるような、そのような実存こそ「本来的」たりうる、とする発想がそこにはあった。

この場合に問題とされている「理論 Theorie」や「実践 Praxis」という言葉は、古代ギリシアに起源をもつ。「テオーリア *theōria*」と「プラクシス *praxis*」とを峻別したうえで、前者を後者に優先させたのは、アリストテレスその人だった。『ニコマコス倫理学』はまさにこの区別を主題化している。だとすれば、知と行為の分断という旧弊の元祖を糾弾すべく、ハイデガーはアリストテレスと対決し、この区別の克服を試みたのだろうか。

いやそうではない。逆である。伝統的観念の大元を辿れば、そこに思いがけず新しい発見があることを、ハイデガーは、この「理論／実践」問題に即して明らかにしてみせた。そして、まさにその発見が『存在と時間』という書物をもたらすこととなった。アリストテレス研究の賜物であったこの書において「本来性」と呼ばれているものは、アリストテレスを読み抜き、あえて読み破ることで――ハイデガーが使った「解体 Destruktion」という言葉をデリダは「脱構築」と言い換えることになる――獲得された。つまり、アリストテレスの「テオーリア」と「プラクシス」の区別がずらし変えられ、ついにはこの両者が融合することによって、「本来的実存」のモデルが成立したのである。「理論／実践」の区別をその原初において無効化し、理論と実践を根源的に合一させること——これが、たんなる訓詁注釈にとどまらない、古典への挑戦を意味することは明らかであろう。しかし、そんなことが果たして可能なのだろうか。また、かりにそれが可能だとして、それはいったい何を意味するのか。

「テオーリア」と「プラクシス」

ところで、その前に確認しておかねばならないことがある。そもそもアリストテレスにおいて「テオーリア」と「プラクシス」はどのように解されていたか、である。

ギリシア語の *theōria* は、「観照」と訳される。この場合、「観」も「照」も、「見る」という意味である。ただひたすら見ることに徹して、物事の本質をじかに摑み、真相に触れ、与《あずか》る。そういうテオーリアに純然と生きることを、「観照的生《テオーリア》 *bios theōrētikos*」と言い、行動を停止して何もしないという不動性を特徴とする。そして、その究極の理想は、神の純粋知性にあった。アリストテレスによれば、神は、あるがままに永遠にあり続ける自己自身を直観する以外、何もしない。*1 存在と直観の合一形たるこの神的理想状態においては、無為こそ本来のあり方であり、何かをすること自体、完全性に悖《もと》るのである。

われわれ現代人にとって、この神的純粋直観という考え方ほど理解しがたいものはない。絶えず運動し発展し続けるという目標に背いて、動かずに同一にとどまることは、停滞と没落と同義であり、忌避すべきだとわれわれは信じてやまない。だから、不動の完全知の理想など、空虚な自己満足としか感じられないのである。ここで思い当たることがある。「神は死んだ」というニーチェの言葉を、現代のわれわれが当然視しているということである。テオリーリアの理想が見失われたことは「神の死」と軌を一にしているのだ。この歴史的事情に関しては、あとで見てゆくことになろう。

さて、純粋直観を意味する「テオーリア *theōria*」に対して、ギリシア語の「プラクシス *praxis*」は、「行為」と訳される。何か事を為す以上、不動ではありえない。ただし、アリストテレスはプラクシスを、たんなる「運動 *kinēsis*」とは異なり、自体的に意味のある「活動 *energeia*」*2 として捉えようとした。

たとえば、場所の移動は、目標地点に到達するという目的のための手段であり、「キネーシス」である。それに対して、目標に達することを目指すのではなく、歩くこと自体に意味があるとすれば、それは「エネルゲイア」である。この場合、散歩・漫遊を思い浮かべるのは、よい例とは言えない。気分転換や健康や思索のためといった理由づけを一切剥ぎとられた、純然たる歩行自体に意味を見出すのは、なかなか難しいのである。これと違って、ただ歩くというよりは、人前で披露してみせるという意味でのパフォーマンスとしての歩くことは、その行為自体に意味がありうるから、エネルゲイアの例となりうる。もちろん、金銭を得るための興行だとすれば失格である。あくまで自発的な無償の行為——真の意味でのボランティア活動——として、それ自体で意味のある何事かを為すこと、そうした行為こそが、エネルゲイアとしてのプラクシスなのである。

だが、テオーリアほどではないにしろ、われわれには、アリストテレスの言うプラクシスの何たるかがピンとこない。そしてそれには、神の死とはまた違ったわけがある。

プラクシス概念の基盤としてのポリス

プラクシスに生きることを、「行為的生 *bios praktikos*」と言う。そしてそれは、古典期の古代ギリシア人にとって「ポリス的生 *bios politikos*」に等しかった。古代都市国家の自由市民にとっては、彼らの市民共同体つまり *polis* の一員として、人前で何事かを為すことが、そのままプラクシスだったのである。逆に言うと、このポリスという檜舞台抜きには、プラクシスつまり「政治的《ポリス》」行為は考えがたいものだった。

比較的小規模の市民共同体のなかで、同胞市民とともに公的な言論と活動に励むことは、それ自体で意味がある——この共通理解を前提しているのが、アリストテレスの「エネルゲイアとしてのプラクシス」概念なのである。*3 その優れて市民的《ポリス》な公共性が変質を蒙り、「ポリス的なもの」という往時の前提が失われれば、「それ自体で意味のある行為」という概念もまた、ニヒリスティックに聞こえてしまうのは必定である。

しかしだからといって、プラクシス的生の理想がまったく無意味になったかと言えば、そんなことはないだろう。われわれ現代人が、自由な市民としていかに生きるかを模索し続けるかぎりは、古代ギリシア人の古典的ボランティア活動の本義は、「政治的なもの」の原点であり続ける。それは、神的知恵の理想が失われた時代にあっても、テオーリア的生が、愛智者にとって乗り越えがたい理想であり続けるのと同様である。

ともあれ、以上のように一瞥しただけでも、「テオーリア」と「プラクシス」の原義が、現代人のイメージする「理論」と「実践」とはかけ離れていることは明らかであろう。

テオーリアとプラクシスの自体的意味

注意すべきは、自体的意味を有する点では、テオーリアもプラクシスも変わりなかった、という点である。現代では、「理論」はそれ自体では意味がないと見なされており、だからこそ「実践」のほうから意味づけられねばならない、と主張される。ところが、アリストテレスにおいては、プラクシスに劣らず、テオーリアも「エネルゲイア」である。不動だとされるテオーリアは、「運動《キネーシス》」ではないが、れっきとした「活動《エネルゲイア》」ではある。それどころか、アリストテレスによれば、テオーリアこそ「最高の活動態《エネルゲイア》」にほかならない。[*4] 無為であることが最も活動的だという逆説が、ここでは成り立つ。見ることは、何か他の目的のために見るのではない。見ることそのことが善きことなのである。真理を直観し、それにふれることは、それ自体で喜ばしい自足的な営みなのだ。

だとすれば、アリストテレスにおいて、テオーリアとプラクシスを融合させることは、そもそも問題とならない。どちらもエネルゲイアであり、自己充足した完全存在を意味するのに、そういう自体的意味のあるものどうしを混ぜ合わせることは、不純化を招くだけである。テオーリアは補完する必要がないからテオーリアなのであり、逆にプラクシスをテオーリアで補完しようと躍起になるのも、プラクシスの意味喪失の徴候でしかない。「理論と実践の合一」なる課題は、アリストテレスには存在しなかった。

哲学者アリストテレスは、行為的生《プラクシス》に対する観照的生《テオーリア》の優位を高らかに肯定している。これは理論至上主義として悪名高い。だが、ポリス市民の理想を突き抜けてこの世を超越した地点に、神的な全知《ソフィア》の理想を仰ぎ見ようとする者たちが、「哲学者《フィロソフォス》」と呼ばれた以上、彼らの評定において観照に軍配が上がるのは、当然であったろう。

では、かくも揺るぎなきテオーリア至上主義者であった、ほかならぬアリストテレスのうちに、テオーリアとプラクシスの融合の可能性を見出すなどという離れ業的解釈を、どのようにしてハイデガーはやってのけたのだろうか。

この不思議を解くカギは、『ニコマコス倫理学』第六巻にある。

2 知恵、思慮、技術

ソフィア、フロネーシス、テクネーの連関

アリストテレスは、テオーリアとプラクシスという二通りの現実態（エネルゲイア）に対応する知的徳として、「知恵 *sophia*」と「思慮 *phronēsis*」を区別している。観照を事とする「ソフィア」が純粋直観能力であるのに対して、行為を導く「フロネーシス」には――理論と実践の合一ではないが――、知と行為の合一がたしかに見てとれる。さしずめ「行為的直観」[*5]とでも翻訳したくなるような、プラクシスを発動させる知が、フロネーシスなのである。

〈活動〉		〈知的能力〉	
テオーリア（*theōria*）＝観照 観照的生＝哲学者の理想	←	**ソフィア**（*sophia*） ＝知恵	**ヌース**（*nous*） ＝理性・純粋直観 **エピステーメー**（*epistēmē*） ＝学問・認識能力
プラクシス（*praxis*）＝行為 ポリス的生＝市民の理想	←	**フロネーシス**（*phronēsis*） ＝思慮・行為的直観	
ポイエーシス（*poiēsis*）＝制作 職人的工芸、芸術的創造	←	**テクネー**（*technē*） ＝技術	

［図1］ソフィア、フロネーシス、テクネー概念の関係性

そして、観照《テオーリア》、行為《プラクシス》と並ぶ人間の基本的あり方たる「制作 *poiēsis*」——物を作ること——を導く知として、アリストテレスにおいて古典的に位置づけられたのが、「技術 *technē*」であった。この「ソフィア・フロネーシス・テクネー」の連関は、じつに、ハイデガーの技術論の出発点でもあった［図1参照］。

この第三の知、「テクネー」は、現代のわれわれが「テクノロジー」と称しているものの祖型をなすものである。現代世界をあまねく支配していると言っても過言ではない、この技術知は、しかし、古代ギリシア的文脈にあっては、知恵《ソフィア》や思慮《フロネーシス》と比べて、格下のものと見なされた。市民が行為《プラクシス》に励むのは本分であったし、哲学者が観照《テオーリア》をめざすことは善しとされても、制作《ポイエーシス》に携わるのは自由人にはふさわしくないとされた。物作りに専心する「職人《バナウソイ》」は、卑俗であって自由市民とは言えない、というのである。

それにしても、「生産的」で「有用」である制作が、なぜ軽視されたのだろうか。ここで、先に見た「運動《キネーシス》」と「活動《エネルゲイア》」の区別がふたたび効いてくる。

テオーリアやプラクシスは、「エネルゲイア」であり、活動すること自体に意味のある営みであった。これに対してポイエーシスは、

「キネーシス」、つまりその営み自体に意味があるのではなく、もっぱらその所産・成果を目あてとし、目的に奉仕する手段としてのみ意味のある営為である。役に立つとか、もうけがあるとかいった動機からなされる営みは、メリットを求めて行なわれ、自発的でも無償でもないから、自由人たるにふさわしくない——これが古代ギリシア人の価値観であった。行為《プラクシス》のみならず観照《テオーリア》も、この判別基準に合致していたが、制作《ポイエーシス》は失格だったのである。

労働という営み

ところで、古代ポリス市民の自由人気質を前提している、この制作軽視と並んで、もう一つ、現代人の常識を逆撫でするものがある。「労苦 *ponos*」つまり「労働」に対する蔑視がそれである。生活のためにあくせくして働くことは、自由を奪われた状態であり、自由人にあるまじきこととされた。そういう空しいことは「奴隷」に任せて、自由な活動にのびのびいそしむ「主人」のあり方を、古代ギリシア人はアッケラカンと肯定したのである。古代の原風景なるものがいかに現代とかけ離れているかを、われわれは知らねばならない。間違っても、労働蔑視ゆえに古代人を断罪して事足れりとしてはならない。現代人が学ぶべきものが、そこには依然としてあるのだから。

学長ハイデガーは、古代ギリシアにおける哲学の原初に立ち返るべし、と熱っぽく説く一方で、「労働奉仕」を学生にせっせと訓諭した。しかし、その古代ギリシア市民の間では、制作軽視以上に労働蔑視がまかり通っており、自由市民に勤労道徳を吹き込むこと自体、ポリスの公序良俗に反するとされたほどである。だとすれば、勤労奉仕を鼓吹するばかりか、観照《テオーリア》も行為《プラクシス》も制作《ポイエーシス》も、等しく労働《ポノス》の相の下に割り切ろうとする存在論まで急ごしらえした当時のハイデガーは、労働国家体制下でピエロを演じていただけではないか、と言いたくなる。またダからこそ、そういう役回りを一時させられたリベンジを、哲学者が戦後の技術論でどのように果たしたか、興味津々となるというものだ。

この「労働のゆくえ」はあとのお楽しみとして、ひとまず「ソフィア・フロネーシス・テクネー」の本筋に戻ろう。制作軽視の古代ポリス市民気質には何がひそんでいたのか、と問うことにしよう。

有用性と有意義性

それ自体で意味があるか否かを基準として、自由人にふさわしいか否かを見積もられて、テオーリアとプラクシスは及第となり、ポイエーシスは落第となった。古代人のこの価値基準は、先の労働観に劣らず、現代人の常識の真逆を行くものである。われわれ現代人にとっては、「生産的」であるか否かが、決定的尺度であり、この現代的基準を当てはめれば、為すこと自体に意味があるから為されて、どんな成果をもたらすかはそれほど問題ではない、などというのは「自己満足」でしかない。そんな空しいことにうつつを抜かすとは、古代ギリシア人はなんと愚かだったのか、とつい思ってしまう。しかし、古代人には古代人なりの考えがあった。そこには、現代的観点から愚かと割り切って済ませられそうにない、突き詰めたものの見方があった。

何かの役に立つものは、あくまで「手段」にとどまる。その手段が奉仕するとされる何か、つまり一定の「目的」も、それ自体、別個の何かの役に立つものとして意義づけられるかぎり、手段以上のものではありえない。手段—目的のこの連鎖は、どこへ行き着くか。「有用性」とは異なる「有意義性」に、である。何かが為される最終的な「そのために、のそれ」は、それ自体はもはや手段ではありえず、有用性をもたない。「最終目的」とか「究極目的」と言われるこのどん詰まりは、他の目的によってもはや意義づけられない「自体目的」なのである。有用性の尺度からすれば、むしろ「無用」ということになるし、それ以上の目的をもたない以上、「没目的」と言ってしまいたくなるほどである。

たとえば、「学ぶ」という営みを例にとって考えてみよう。

何のために学ぶのか？

学ぶこと――学校で「勉強すること」――は、何のために為されるのか。受験生にとっては、「大学に合格するため」であろうが、その大学に入った学生にとっては、「単位を取るため」となろう。単位を取るのは「大学を卒業するため」である。大学を卒業するのは「就職するため」である。就職するのは、たぶん「お金を稼ぐため」であろう。では、お金を稼ぐのは――このへんから怪しくなってくるが、たとえば――「貯金するため」であろう。貯金するのは、「マイホームを建てるため」とか「趣味に生きるため」とか「老後のため」とかであろう。そのうち、マイホームを建てるのは――それが究極目的でないかぎりは――「家族と暮らすため」であろう。

このように追跡してみると、「趣味に生きるため」、「老後のため」、「家族と暮らすため」といったものが、それ以上遡れない「究極目的」だということになる。そして、そのような最終的な「何のために？」が保証されてはじめて――しかし誰が保証してくれるのだろうか？――学ぶことの有用性連関が成り立ち、つまり安心して学べることになる。

だがわれわれは、そういう迂遠な目的をめざしてのみ、学ぶのだろうか。

なるほど、学ぶことを、何かから何かへの「運動《キネーシス》」と解した場合、その到達目標が問題となり、ひいてはそれがもたらす「成果」が重要となる。その場合、学ぶとは、学んでいない（未習）状態から学んだ（既習）状態への移行であり、そのプロセスの終点に「単位取得」とか「試験合格」とかいった成果が得られるわけである。子どもや生徒が、成熟に向かう途上にある未熟な存在と見なされるかぎり、そうした「成長」が「学校教育」の実質をなすことは言うまでもない。

だが、学ぶことは、単位取得とかいった特定の目的のためだけになされるとは限らない。大学で学生が自分の好きなことを思い切り学ぶ、という場合には、学ぶことそれ自体に意味がある。学びたいから学ぶ、学ぶために学ぶ、という自己目的性が、別途考えられるのである。何か他のメリットがあるから――つまりエサを与えられているから――、だから学ぶ、という準備段階を卒業した、自由で自立した大人の研究者、つまり「学者 scholar」は、みずからの自由時間を惜しみなく費やして学問研究に勤《いそ》しむ。その「ヒマ人《スカラー》」の活動は、まさに自己充足的な「エネルゲイア」だと言ってよい。

その場合、研究成果が上がる上がらないは、決定的な価値基準となりえない。それどころか、成果達成や利益確保や社会貢献をもっぱら求めて学問研究に携わることは、かえって非本来的だということになる。学者が、自分の研究活動をいったん手段－目的の連関に置き入れて意味づけようとするや、その果てしない有用性連鎖にはまり込み、いったい何のためにやっているのか、わけが分からなくなる。「何かのため」という有用性の尺度で割り切るのではなく、「それ自体に意味がある」という有意義性を基盤として、為すべき事柄というものがあるのだ。勉強と呼ばれる「学習」なら、有用性で測られるのも当然なのかもしれないが、研究を事とする「学問」は、有意義性に立脚した自己目的性をもつ自由で独立した活動と考えられてよいのである。

気前のよさという自由人の徳

「何のために?」と小賢しく考え始め、手段−目的の果てしない連鎖にはまり込んで、結局ニリヒスティックになるよりは、自分のやっていることとそのこと自体を肯定し、自分で選んだ自由な活動をそのつど愉しむほうが、賢明だ——古代ギリシア人ならそう考えるだろう。だからこそ彼らは、成果を求める「制作」よりも、ケチケチしないでアッケラカンと自由を謳歌する「行為」や「観照」を優先させたのである。

古代人がテオーリアやプラクシスに見出した物惜しみしない「気前のよさ《エレウテリオテース》」は、「自由人《エレウテロス》」の存在証明のようなものであった。*7 そういう活動を優先させた彼らの眼には、成果至上主義とか生産第一主義といった現代人のメンタリティは、「卑俗」なものと映ったに違いない。ついでに言えば、勤労奉仕の精神が「奴隷的」と映じたことは間違いない。

もちろん、だからといってポイエーシスつまり制作という人間的な営みが問題外となるわけではない。少なくとも、以上の考察から、一つの示唆が与えられたと言えるだろう。制作ひいては制作を導く知であるテクネーを、観照や行為に匹敵する——あるいは両者に優る——重要性をもつ活動として考えようとする場合、手段−目的の連関は、なるほど重要であろうが、それに尽きない面がそこにはありそうだということ、これである。

有用性を超えたテクノロジーの問題次元

現代では、神にあやかって真理を純然と直観することとしての観照的生は、威厳を喪失し、自由人としての誇りにかけて事を為し言論を戦わせることとしての行為的生も、空しいことだと嘲笑されるのがオチである。それに代わって、物を作ることとしての制作活動が、技術知の発展と相俟《ま》って、人間生活の中心に躍り出るに至っている。

現代世界を圧倒的に規定しているそういったテクノロジーの問題を、たんなる有用性の観点からのみ捉えるのは、決定的に不十分なのである。つまり、一方に、それ自体価値中立的な科学技術というものがあり、他方に、そうした手段をどのような目的のために正しく利用すべきかという倫理的次元や政策決定論がある、といった程度の話に収まるはずがない。たとえば、核テクノロジーのあり方を論ずるうえで、科学技術自体は中立的だと見なしたり、平和利用や経済効果といった次元でもっぱら考えたりするだけでは、どうにもならない。事は、人生いかに生きるべきかに関わっているからである。

古代人アリストテレスの考えた「テオーリア・プラクシス・ポイエーシス」の三つ巴は、われわれ現代人にとって、およそ異なる様相を呈するに至っている。しかし、その決定的相違がどこに存するかを見定めるためにも、古代と現代とを行き来する意味は大いにある。テクノロジーの問題を原理的に考え抜こうとする者は、古代ギリシアのテクネー概念へといったん遡る必要がある。そして、まさにその遡行を率先して行なったのが、ハイデガーだった。一九二〇年代のアリストテレス読解以来、ハイデガーはテクネー問題にこだわり続けた。それが戦後に畢生のテクノロジー論となって結実したのである。この思索のすじみちを見失わないことが肝要である。

3　ハイデガーの政治的蹉跌にひそむもの

フロネーシスと「本来性」概念

先に見たように、テクネー概念が埋め込まれていた『ニコマコス倫理学』における知の三つ巴は、「ソフィア・フロネーシス・テクネー」であった。テクネーの問題に取り組む前に、ソフィアとフロネーシスに関して、もう少し習熟しておく必要があろう。なかでも、フロネーシスが『存在と時間』の「本来性」概念へ流れ込んでいった経緯とその顚末を、見ておかなくてはならない。

「ソフィア」は、哲学的知の理想とされたものだが、この完全知は、万物の原理をじかに摑む純粋直観能力としての「ヌース *nous*」と、そうした原理にもとづいて論証を行なって学問体系を構築していく認識能力としての「エピステーメー *epistēmē*」から成る。この両者を兼ね備えた知恵《ソフィア》が全的に発揮された活動状態が、「テオーリア」なのである［30ページの図1参照］。

では、「プラクシス」のほうはどうか。自由市民が公的言論を戦わせる政治空間たるポリスにおいて共に事を為すとき、その行為を導く実践知が「フロネーシス *phronēsis*」である。こちらも、ソフィアと同じく、知は重層的に構造化されているはずである。

アリストテレスによれば、フロネーシスには「個別的な事柄についての知覚」[*8]が備わっている。つまり、原理を純粋直観するヌースに対応するような直観的要素――「知覚 *aisthēsis*」――がフロネーシスにもある、というのである。[*9] これをことさら「行為的直観」と呼んでも、あながち的外れではあるまい。他方、実践的三段論法を働かせて、何を為すべきかを総合的に勘案し選択する理知的能力のことを、広い意味で「政治的判断力」と呼ぶとすれば、こちらは、ソフィアの構成要素としてのエピステーメーに対応する、いわば「実践的推論能力」と言えるだろう。そしてその推論の帰結は、そのまま行為なのである。

ともあれ、プラクシスにおいて働く知を、アリストテレスが「フロネーシス」と名づけて位置づけているのを見出したことは、若きハイデガーにとって目から鱗の発見であったに違いない。なぜなら、そこでは、理論と実践が分かれ分かれになっておらず、まさに知と行為が一体化しているからである。理論と実践の分断の元祖と目されてきたアリストテレスに、じつに、その分断克服のヒントが眠っていたのであった。

ハイデガーが、「世界内存在」から出発し、実存をその根源性において捉えようとして至り着いた「本来性」の概念は、このフロネーシスをモデルとしていたように思われる。行為的直観と言うべき知を発揮して、そのつどの状況において何を為すべきかを摑みとるのが、実存の真なるあり方としての「決意性」だとされるからである。

本来的実存とは何であったか

だが、そればかりではなかった。『存在と時間』で語られる「本来的実存」は、フロネーシスのみならず、ソフィアも高度に兼ね備えていると言える面があるのである。

『存在と時間』においてハイデガーは、ありとあらゆる知や理解の根底にある「存在《ある》 Sein」をあらためて問おうとする。「存在一般の意味への問い」が、この哲学書の唯一無二の目標なのである。その問いを担うにふさわしいとされるのは、「現存在 Dasein」という名で呼ばれる存在者、つまりわれわれ各人である。なぜか。われわれは現に生きて存在しており、みずからのそのつどの存在を気遣うという仕方で、存在問題を知らず識らずのうちに生き、存在論をおのずと携えているからである。自分の存在を気遣いつつ実存していることが、そのまま、存在を問う営みに直結しているという、優れて哲学的な存在者、それが「現存在」と呼ばれるのである。ただしこれは、人間中心主義を必ずしも意味しない。あくまで、存在問題を基軸として現存在に優位が置かれているだけである。

実存の遂行そのものが哲学の遂行に等しい、この「現存在の実存論的分析論」――われわれ各人がみずからの存在理解を自覚的に摑みとってゆくプロセス――においては、なるほど、「理論と実践の乖離」は見られない。しかも、この哲学的営為が理論的でないはずがない。自分の存在を問い直していくうち、自分が日常的には世間に埋没し、自分自身を見失っていたことを思い知らされる。その日常性の覆いを剝ぎとってみれば、自分が「死への存在」をそのつど生きていることに思い至り、内なる良心の呼び声に呼びかけられて、今何をなすべきかをこの瞬間に摑みとる――こうした行為的直観のモデルは、高度に「実践的」であるとともに、このうえなく「理論的」と言うべきなのである。哲学的生を生きることが、そのまま「本来的実存」なのだから。

しかし、それでめでたしめでたしというわけには、どうやらいかないのである。

哲学と政治の融合

先に、古代ギリシア人の解した——そしてアリストテレスが「エネルゲイア」という独自の概念に彫琢してみせた——行為《プラクシス》は、ポリスという彼らの公的空間を前提していたことを見た。「プラクシス」には、「ポリス的行為」という意味が、もともと含まれていたのである。だから、その行為を導く知も、「実践知」という以上に、「政治的思慮」と言うべきものであった。アリストテレスが「フロニモス」つまり「思慮ある人」の範例として挙げていたのは、古代アテナイの有名な政治家ペリクレスであった。[*10]『ニコマコス倫理学』において特徴づけられた「フロネーシス」とは、ポリス的生を生きる市民にとって望ましい知的資質のことであり、要するに、政治家の徳を意味するものだった。

対するに、「テオーリア」とは、古代における哲学的生の理想を意味した。「ソフィア」とは、知への愛《フィロ・ソフィア》のめざすべき全知のことであった。純粋直観《ヌース》と学問能力《エピステーメー》をそなえた知恵《ソフィア》とは、最高の哲学者の徳にほかならなかった。

それゆえ、ソフィアとフロネーシスの合体とは、哲学的能力と政治的能力の兼備ということを意味する。そこでは、哲学者が同時に政治家なのである。そのような強い意味での理論と実践の合一が、『存在と時間』における「本来的実存」のシナリオの向かう目標地点であったとすれば、どうだろうか。死へと先駆し、良心の呼び声に聴き従いつつ、そのつどの状況において何を為すべきかを選びとり、今ここで行為する。この「先駆的決意性」のモデルは、その原型からして、哲学者の政治参加を含意するものだったのではないか。理論と実践の合一をめざす大志が、ソフィアとフロネーシスの融合という方向へ向かい、その「本来性」を推し進めた果てに、哲学者の学長による「政治進出」が断行されたのは、当初のシナリオ通りだった、ということにはならないだろうか。

ハイデガーが陥った落とし穴

いや、それは考えすぎだ、と言われるかもしれない。古代ギリシア人の共同体であった都市国家と、近代ドイツにおける「政治的なもの」とは似ても似つかぬものになっており、それを同一視することはできない、と。ハイデガーだって、べつに「政治家」になろうと思ったわけではなかったはずだ、と。

そう、古代ギリシアと近代ドイツのギャップに関して、ハイデガーはあまりにナイーヴだった。まさにこの点に落とし穴があった。ソフィアとフロネーシスの違いを軽々と飛び越えようとしただけではない。自由人の共同体たる「ポリス」と異なり、同質性を旨とする「民族 Volk」を政治的単位とする近代国民国家と、学問共同体たるべき大学とを一体化させる路線を目玉とする大学改革案を打ち出し、民族－大学－運命共同体構想をぶち上げたのが、学長ハイデガーだった。本人は必ずしも「政治的」とは自覚しないで行なった行為が、最高度に「政治的」だったことを、ハイデガーは後年思い知らされることになる。

それればかりではない。ハイデガーにはもう一つナイーヴなところがあった。古代ギリシアにおいて政治と哲学は円満な関係にあったどころか、ポリスと哲学者の間には当時から対立葛藤があったことは、哲学史の教科書の教えるところである。哲学と政治がそう簡単に合体しそうにないことは、アテナイ市民が哲学者ソクラテスを民主的裁判によって死刑にしたという事実一つからも、ただちに知られるのである。

以上のように考えれば、ハイデガーの政治的蹉跌とは、「理論と実践の合一」という課題が何を意味するかを物語る、現代の古典的事例と見ることができよう。少なくとも、現代のわれわれが、ハイデガーの事例を一笑に付すとしたら、お門違いである。われわれは今日、口を開いては、大学は社会――「民族」に代わる現代人の擬似共同体――と結びついて、一体とならねばならぬ、と熱心に説き、「社会貢献」という名の奉公――民族への「知的奉仕」に代わる現代のスローガン――を、大学改革と称してどしどし推し進めようとしているのだから。

ソフィア、フロネーシス、テクネーを区別することの重要性

ここまでで、少し分かってきたことがある。アリストテレスが「ソフィアとフロネーシス」を区別したのは、彼の怠慢でも独断でもなかった、ということである。哲学のめざすものと政治のめざすものとは同じではなく、その違いを飛び越して両者をむやみに合一しようとするのは賢明とは言いがたい。このことを、かの古典的区別立ては証言していたのである。とはいえそれは、この区別を墨守して、両者を無関係のものとしておけばそれでよい、ということを何ら意味しない。少なくとも言えることは、この区別を立てることによって、逆に、テオーリアとプラクシスを融合させようとする発想

の孕む問題点を、くっきりと浮かび上がらせることができる、ということである。

そして、同じことは、ソフィア、フロネーシスと、テクネーとを区別することの意味についても言える。古代の「テクネー」と比べると、現代の「テクノロジー」が、それと似ても似つかぬものに変質してしまったことは、誰の目にも明らかである。しかしだからといって、古代ギリシアのテクネー概念がどうでもよくなったわけではない。逆である。現代技術の問題を根本から明らかにするためにこそ、古来、技術というものがどのように位置づけられてきたかを押さえることが、決定的に重要なのである。

くどいようだが、哲学史を大昔にまで遡ることは、昔は良かった式の懐古趣味と同じではない。古今を往復することは、むしろ、現代いったい何が起こっているかを、頭を冷やしてつくづく考えるための手がかりとなるのである。

＊1 アリストテレスにおける「純粋自己直観」としての神については、『形而上学』第一二巻第七章を参照。

＊2 「運動《キネーシス》」と「活動《エネルゲイア》」との対比については、『形而上学』第九巻第六章を参照。

＊3 拙論、「エネルゲイアのポリス的起源——アーレントとアリストテレス」、『理想』第六九六号、特集「アリストテレス——その伝統と刷新」、二〇一六年三月、理想社、所収、を参照。

＊4 「最高の活動」としての「観照」については、『ニコマコス倫理学』第一〇巻第七章を参照。

＊5 「ソフィア（知恵）」と区別される「フロネーシス」は、「知慮」「賢慮」「思慮」「思慮深さ」などと訳される。本書ではひとまず「思慮」を用いたが、この実践知の核心部分を言い表わすのに、西田幾多郎の言葉として名高い「行為的

直観」は適当だと思う。

＊6「プラクシス（行為）」と「ポイエーシス（制作）」の区別については、『ニコマコス倫理学』第六巻第四章を参照。この区別は、同書第一巻第一章に出てくる「活動それ自体が目的である場合」と「活動以外の何らかの成果が目的である場合」の区別に対応しており、全巻を貫くモティーフであることが分かる。

＊7「気前よさ《エレウテリオテース》」は、『ニコマコス倫理学』第四巻第一章で、財貨に関する中庸の徳、として挙げられている。どんなに裕福でもケチな人は、「自由人《エレウテロス》」とは見なされなかった。

＊8 アリストテレス、『ニコマコス倫理学』第六巻第一一章（1143b5〔＝ベッカー版アリストテレス著作集のページづけと行数〕）、渡辺邦夫、立花幸司・訳、光文社古典新訳文庫、下巻七四ページ。

＊9 アリストテレス自身、この箇所では、フロネーシスにそなわるこの「知覚」的なものを――自分で定めた用語法をはみ出して――、「ヌース *nous*」と呼んでいる。前掲、渡辺邦夫、立花幸司・訳、七五ページの訳注9、および「解説」四五七ページ以下、を参照。

＊10『ニコマコス倫理学』第六巻第五章（1140b8）。前掲訳書四五五ページ。

第2章

物と世界

「物」講演

本章から、いよいよ、ハイデガーの技術論の主要テクストを読んでいきたい。
まずは、1950年にミュンヘンで行なわれた「物」講演からだ。
ここでは、私たちに身近な瓶《かめ》というものに、天・地・神・人という
広大な世界が宿ること、そして瓶の空洞と虚無化の関係性まで刺激的な論が続く。
そしてなにより注目したいのは、講演全体を根底から規定している「戦慄」こそ、
いまの私たちの世界を見るひとつのまなざしになるのではないかということだ。

1　戦慄から始まったテクノロジー論

「物」講演の成立事情

「物」は、ハイデガーが一九四九年一二月一日にブレーメンで行なった——一九五〇年三月二五／二六日にビューラーヘーエで繰り返した——連続講演「有るといえるものへの観入」の第一講演である。ただし「物」講演は、これだけ独立に、一九五〇年六月六日、ミュンヘンで繰り返され、一九五一年、バイエルン芸術アカデミー年報第一巻に掲載された。ハイデガーは、このミュンヘンでの「物」講演のテクストを、戦後の代表作の一つ『講演と論文』（一九五四年刊）に収めており、一個の独立した作品として読めるものと見なしていたことが分かる［次ページの図2参照］。

とはいえ、テクストのこうした来歴からすると、「物」を読解するには、一方では、ブレーメン講演の文脈を押さえる必要があり、他方では、『講演と論文』の中での位置を踏まえる必要がある。後者については、次章以下で取り上げる二つの講演「建てること、住むこと、考えること」（一九五一年）と「技術とは何だろうか」（一九五三年）も、同じく『講演と論文』に収められていることから、いずれ見ていくことになろう。また前者、つまりブレーメン講演全体の中での「物」の位置づけに関しては、第二講演「総かり立て体制」——および第三講演「危機」、第四講演「転回」——と深く結びついた講演「技術とは何だろうか」との関連を考えてゆくさいに、当然問題となってこよう。

ここでは、それらとまた別に、もう一つ、深く関連するテクストがあることに注意しておきたい。

成立年	タイトル	講演地	公刊年と公刊形態
1944／45	「野の道での会話」 （三つの対話篇）	メスキルヒ （これのみ執筆地）	1995、全集第77巻にて 完全版公刊
1949 （1950）	「物」・「総かり立て体制」・ 「危機」・「転回」	ブレーメン （ビューラーヘーエ）	1994、全集第79巻にて 完全版公刊
1950	「物」 （ブレーメン第一講演の再話）	ミュンヘン	1954、『講演と論文』所収
1951	「建てること、住むこと、 考えること」	ダルムシュタット	1954、『講演と論文』所収
1953	「技術とは何だろうか」	ミュンヘン	1954、『講演と論文』所収 1962、『技術と転回』に再録 （「転回」と合本）
1955	「放下した平静さ」	メスキルヒ	1959、『放下した平静さ』所収 （「野の道での会話」の一部と合本）

［図2］本書で主に扱うハイデガー技術論テクスト

一九四四／四五年成立の遺稿『野の道での会話』である。

ブレーメン講演の全体は、ハイデガーの生前には公表されず、一九九四年にハイデガー全集第七九巻『ブレーメン講演とフライブルク講演』の形ではじめて公刊された。その翌年の一九九五年に全集第七七巻として出た『野の道での会話』[*1]は、三つの「対話篇」を収めており、なかでも一番大がかりな「アンキバシエー　科学者と学者と賢者による野の道での鼎談《ていだん》」が、「物」講演と深く関連していると見られる。

じつは、この「野の道での鼎談」は、部分的には、ハイデガー自身によって公表されていた。一九五九年刊の『放下した平静さ』[*2]に収められた「放下した平静さの究明のために——思索についての野の道での会話から」がそれである。ところが、この公刊テクストでは削除された「アンキバシエー」の部分に、「物」との深い関連を示す内容が記されていたのである。それゆえ、第二次世界大戦末期に書かれたこのテクストが「物」と深く関連していることは、それが全集で公刊されてはじめて明らかとなった。

戦中から戦後へ

それにしても、このようなテクスト上の経緯は、ハイデガー専門研究者にしか意味のない瑣末な事実であるかに見える。しかし、必ずしもそうとも言えない。なぜなら、この事実から少なくとも次の二つのことが明らかとなるからである。

1 ハイデガーの技術論は、第二次世界大戦中に決定的に深められ、それが戦後にさらに発展させられて公表されるに至ったこと。

2 「物」を皮切りに公表されていった戦後の技術論は、その一応の到達地点を、一九五五年の講演「放下した平静さ」に見出すことができること。

2に関しては、終章で「放下した平静さ」のテクストに触れるときに、論じることにしたい。ここではひとまず、1に関してだけ見ておこう。

「技術」というテーマが、アリストテレス解釈以来の「テクネー」問題という形でハイデガーにとって思索の事柄の一つであり続けたことは、第1章で瞥見した。『存在と時間』では、道具を使用して制作する場面に定位して世界内存在を分析する態度が打ち出されたが、それ以後も、たとえば、一九三六／三八年成立の重要テクスト『哲学への寄与論稿』中の「作為機構 Machenschaft」論には、技術的なものが巨大化を遂げて支配的となるに至った近代の根本動向をめぐる歴史的省察が見出される。しかし、何といってもハイデガーの技術論に特徴的といえるのは、科学と技術がドッキングした現代「科学＝技術」のあり方――「テクノロジー」という語の意味するもの――を見据えようとする点にある。そして、まさにその科学＝技術の一体的理解をすでにはっきり示しているのが、『野の道での会話』に収められた三つの対話篇なのである。

科学は技術に由来する

二番目の対話篇「塔の登り口の戸口での教師と番人との対話」では、こう言われる。「近代科学は、現代技術の本質から生じたものです」[*3]。たんに科学と技術が結びついているとの主張ではなく、もっと踏み込んで、近代では科学は技術に由来する、と主張されている。

この点をより明確に語っているのが、最初に置かれた長大な対話篇「アンキバシエー」の出だしである。そこでは、まず「科学者」が、いわば実践に対する理論の優位を、こう説明する。「一切の自然研究の模範とされる現代物理学にあっては、理論物理学が一切の研究活動の基礎をなしています。理論物理学が自然の数学的構図を描き、次いで、この原図の視界の内部で、はじめて実験が考案され、構築されるのです」と[*4]。ここに出てくる「自然の数学的構図 der mathematische Entwurf der Natur」という言い方は、『存在と時間』で、近代自然科学の成立に与った「自然そのものの数学的構図・企投」[*5]と言われていたものと同じである。ところが、この「アンキバシエー」では、「科学者」のこの主張に対して、「賢者」はむしろそれと反対のことを言い出す。この文脈は重要なので、丁寧に引用しておこう。

科学者　技術とはそもそも、思考の特殊なあり方の一つです。すなわち、自然を支配し、利用し尽くすことを目的として、理論的な自然科学を実践的に応用することに専念する思考なのです。ですから、私たち物理学者は、技術とは応用物理学にほかならないとも言っています。

賢者　しかし物理学、それも純粋な自然研究としての物理学ですが、これ自体がすでに実験において技術を使用しているとすればどうでしょうか。たとえば、それこそ核分裂装置 **Atom-zertrümmerungsmaschine** のことを考えてみてください。

学者　そうだとすれば、物理学、ひいては現代の自然研究の総体とは、応用技術にほかならないということになりますが。[*6]

「技術とは応用物理学である」という通念を転倒させた、「物理学とは応用技術である」。——「賢者」のこの主張は、他の対話者二人にはなかなか理解されない。しかし、「理論物理学は本来の意味での技術である」とする「賢者」の言い分をよりよく理解するために、そういう「技術」とはそもそも何かという問いが立てられ、ギリシア語のテクネーの意味に遡って、それは一種の「アレーテウエイン」、つまり「隠れもなく真であるようにさせること **Unverborgenseinlassen**」、「顕現させること **Entbergen**」だとされる。ここでハイデガーが引き合いに出している「真理《アレーテイア》」論のテクストは、そう、まさに「『ニコマコス倫理学』第六巻」[*7]である。

このようにアリストテレスに遡ってテクネーを理解しようとする点では、初期以来の方針が堅持されているが、決定的に異なる点がある。それは、近代自然科学の成立に関して「自然の数学的構図」という理論的なものに優位を置くのとは反対の向き、つまり「技術的なもの」に優位を置く発想である。[*8] そして、この技術本位の発想を裏付けるべく援用されているものこそ、賢者が例に挙げている「核分裂装置」にほかならない。

第二次世界大戦末期のつぶやき

この対話篇で「科学者」は、「現代の原子物理学」という言い方もしている。[*9] 戦時下に現在進行形で躍進中だった現代物理学の最新動向に、ハイデガーは敏感であった。

これらの対話篇が書かれたのは、第二次世界大戦末期の一九四四／四五年の冬である。フライブルクは空爆を受けて大学も授業どころではなくなり、ハイデガーは故郷メスキルヒに疎開中だった。「アンキバシエー」の末尾には、擱筆《かくひつ》の日付けが「一九四五年四月七日」と打たれている。[*10] ドイツが無条件降伏したのは、ちょうど一ヶ月後の五月七日である。

そして、その終戦の日の翌日の「一九四五年五月八日」[*11] に擱筆されたのが、三番目の対話篇「ロシアの捕虜収容所で年長者と年少者との間で交わされた夕べの会話」である。この日付けを、ハイデガーはこう敷衍している。「世界がおのれの勝利を祝ってはいるが、何百年も前からすでにおのれ自身の蜂起の敗者だということにはまだ思い至っていない、その日に」。われわれはナチドイツについに勝利したのだと凱歌《がいか》を上げている連合国側に対する、一敗戦国民のルサンチマン的つぶやき——というふうに取れなくもないが、それだけには尽きない何かがここにはある。

敗戦時のこの暗示的な捨てゼリフと奇妙に符合する時代診断が、「夕べの会話」には出てくる――「荒廃は、世界大戦の帰結では決してなく、世界大戦がそれ自体すでに、何百年も前から大地をむしばんできた荒廃の帰結にすぎない」[*12]。「何百年も前から」すでに何かが決定的に進行していたのであり、その帰結の一つが、目の前に広がっているドイツの破滅なのだと、そうハイデガーの目には映ったのである。

「原子爆弾の爆発」

そしてもう一つ、奇妙な符号を示しているのが、「物」講演の最初のほう――もともとは一九四九年ブレーメン連続講演全体の「まえおき」にされていた箇所――に出てくる次の診断である。今度は、ドイツの破滅というより、人類全体のゆくえが話題になっている。

> 原子爆弾の爆発とともにこれからやって来そうなことに、人類は見とれています。しかし、もうずっと前から現に到来してしまっており、しかも、現に生起してしまっている当のもののほうは、見ていません。原子爆弾とその爆発といえども、せいぜい、この本体から吐き出された最後の噴出でしかないというのに、です。[*13]

この箇所だけ読むと、ハイデガーは「原子爆弾の爆発」という出来事自体には――いやそれどころか、「水素爆弾を起爆させれば」「地球上のあらゆる生命を絶滅させるにおそらく十分」だという「最悪の可能性」[*14]にすら――、さほど重きを置いていないかのような印象を受ける。

だが、実情はそれとは異なる。原子核という物質の究極の基本単位とされてきたものすら、力ずくで分裂させ、しかもその内部をこじ開けることによって、地上の自然ではまずありえなかったほどの莫大なエネルギーを人工的に解放する、ということまでやってのける、そういう「科学＝技術」の由来について、当の出来事の前からとっくに省察を傾けていたのが、ハイデガーであった。そのことをいち早く証言しているのが、『野の道での会話』の対話篇だったのである。

一九四五年八月、アメリカによって広島と長崎に原子爆弾が投下され、人類は自分たちの住む世界が、これまでとは決定的に違う時代――その後の流行語を使うと「原子力時代」――に突入したことを思い知らされるに至った。その前と後とでは、世界は確実に変わってしまった。最終自滅手段を現実に手に入れた生物種は、以来、「絶滅への共同存在」とでも言うべき新しい存在規定に翻弄され続けている。その動かしがたい事実を前にして慌《あわ》てふためき、右往左往しているだけでは仕方がない、とハイデガーは「まえおき」でクギを刺している。とは言っても、当たり前だとそっぽを向いているのではない。この技術論講演の出だしの締めくくりにはっきり示されているように[*15]、この講演全体を根底から規定している根本気分は、まぎれもなく「戦慄 Entsetzen」なのである。

核テクノロジーの超自然的――「形而上学的」――破壊力がこの世に出現したこと自体、鳥肌が立つほどの戦慄を催させる。しかしそれだけではないのだ。そのような事態に立ち至った時代の布置、歴史的由来のほうこそ、われわれを真に戦慄に陥れる、当の恐るべき本体にほかならない。人類を見舞ったこの根本気分から、ハイデガーのテクノロジー論が始まったのだとすれば、それは、次の通則に従っているのである——哲学は戦慄から始まる、という現代の通則に。

2 「虚無化」を思考する

近さとは何だろうか

さて、講演の「まえおき」から「物」本論への流れを形づくっている問いがある。三度繰り返される、「近さとは何でしょうか」である。この問い自体は、やや唐突な印象がなくもない。だが、「野の道での鼎談」のメインタイトル「アンキバシエー」が、ヘラクレイトスの断片に由来する「近づいてゆくこと」という意のギリシア語であり、この対話篇がその語を引き合いに出して「近さ」をテーマにして締めくくられることからすれば、その設定の延長線上に「近さ」を主題とする「物」講演が位置づけられることが分かる。

「まえおき」の冒頭で挙げられるテクノロジーの例、飛行機、ラジオ、映画、テレビも、「近さ」に関する不思議な現象を指し示すべく持ち出されている。戦争中に飛躍的に発展し、戦後にいっそう躍進を続けていたそれら交通手段や通信手段は、時間的、空間的な距離を劇的に除去してみせるのに、「近さはいっこうに現われない」。近くも遠くもない無差別な「画一的に隔たりを欠いたもの」が支配的となるばかりだ、とハイデガーは診断する。*16 これが、今日のわれわれが口にする「グローバル化」

とともに驀進中の事態と同質であることは、言うまでもない。地球の反対側に居ながらにしてリアルタイムで交信し合う相手の姿までスマホの液晶画面に映し出される時代なのに、やはり「近さはいっこうに現われない」。人類は、遠くも近くもない無差別空間を、どこまでも浮遊し続けている。

注意すべきは、この「近さ」という主題は、『存在と時間』以来のものだという点である。その意味ではハイデガーの一貫した問題意識が見てとれるが、だからこそ違いも際立つ。

『存在と時間』において「近さ」は、世界内存在する「現存在」――われわれ一人一人――の存在様式に引きつけて考えられていた。現存在がそれと関わり合って日々暮らしている存在者は、「手許的存在者 Zuhandenes」と名づけられるが、この存在論的術語のうちには、「手の近くに zur Hand」あるもの、という意味がすでに含まれている。「日常的交渉がかかわる手許的存在者は、近さという性格をもつ」[*17]。そればかりではない。現存在の「空間性」を論じるなかでハイデガーは、「現存在には本質上、近さへの傾向がひそんでいる」[*18]とし、その一例として「ラジオ」を挙げていた。その場合「近さへの傾向」は、現存在の存在論的規定のなかに組み込まれていたから、距離をいくら克服しても「近さがいっこうに現われない」などといったことが問題になることはありえなかった。

どこが違っているのだろうか。『存在と時間』の空間論では、「近さ」はあくまで世界内存在という構造を形づくる所与として前提されていた。ところが「物」講演では、「近さ」がいわばカッコに入れられ、むしろ、その不在から話が始まる。時代に関係なく一般的に当てはまる中立的な存在論的規定を問題にするのと、技術の進展によって変容しつつある現代世界の歴史的動向を問題にするのとでは、話が全然違う。

そして、同じ哲学者が「近さ」という同じテーマを論ずるうえでのこの違いをもたらしたものこそ、一九二七年と一九四九年の間に起こった世界史の動向にほかならない。二〇世紀の大いなる出来事が、「近さ」を論じる哲学的視角を変えてしまったのだ。さらに言えば、哲学のスタイルそのものが決定的に変容を蒙ることとなった。永遠不変の「イデア」や「本質」、「普遍妥当性」を論ずるのが哲学だ、といった固定観念は、もはや通用しない。そのような超時間的、超歴史的なものならざる、あくまで時間的、歴史的なもの、一言で言えば「出来事 Ereignis」が、哲学的省察の主題となった。

なるほど、「物」講演でも、「本質」が問題とされる。「近さとは何だろうか」と問うことは、「近さの本質とは何か」と問うことに等しい。だが、「まえおき」でのこの問いが、「近さに関して事情はどうなっているのでしょうか[*19]」という問いへと書き換えられるとき、つまり「物」講演の本文が始まるとき、「近さの本質」を問うこと自体が、すでに歴史的省察となっている。それゆえ、「私たちにとって近くにあるものを、私たちはふつう、物と呼んでいます[*20]」と確認されて、物への問いが開始されるとき、その「物とは何だろうか」という問いもまた、『存在と時間』のように「手許的存在者」の存在性格を一般的に規定することを試みているのではなく、あくまで、「物が物化する[*21]」という特異な出来事を経験することへと向かっている。最初のほうで、「物を物として熟考する[*22]」と言われているものも、これと別物ではない。物一般の物性を定義することではなく、物にふさわしい出来事を、それにふさわしい仕方で語ることが問題の中心なのである。

では、そのような「出来事」とはいかなるものか。また、それにふさわしい語り方とはいかなるものなのか。

瓶とその空洞

ハイデガーは「物」講演でまず、「瓶《かめ》」という物の一例を挙げて説明している。瓶は、「容器」の一種であり、「納めるはたらき」を事とする。その本体をなすのは――「壁面と底面」であるかに見えて、じつは――「空洞」である。「瓶のこの無の部分こそ、納めるはたらきをする容器としての瓶の本体にほかなりません」[*23]。

問題は、この空洞という無をいかに捉えるか、である。

あたら無を摑むかのような「空洞の現象学」。それに着手する手前でハイデガーは、こう自問している。「しかしながら、瓶の中は、ほんとうに空洞なのでしょうか」[*24]。物理学的に言えば、そこは空洞ではなく、空気――を構成する全混合要素――が充満している。瓶の中にワインが注ぎ入れられるときには、空気という気体が、ワインという液体によって押しのけられ、取って代わられるだけの話である。

では、物理学的には「空虚」を語る余地はないのかと言えば、そんなことはない。なるほど、アリストテレスの『自然学』では「真空」は否定されたが、そのライバルであった古代原子論では、原子がそのうちを動く「空虚」が想定された。その末裔とも言える近代自然科学においても、時間と並んで空間が、物質的世界一般の先行形式として考えられてきた。ハイデガーが、「液体が広がりうるような不定の空虚な空間を置き据える」ことによって「科学は瓶という物を虚無的な何かに変えてしまう」[*25]と述べるとき、そこで思い浮かべられているのは、真空を嫌うアリストテレス的「自然」ではなく、近代的宇宙像の無差別無限空間のほうである。

だからこそ、ハイデガーは続けてこう述べるのである。「科学的知識は〔…〕物を物としてはとっくに虚無化してしまっています。これは、原子爆弾が爆発した時点よりもずっと前からそうなのです」[*26]。この言い分には、先に見た「まえおき」での「原子爆弾の爆発」云々の時代認識に通じるものがある。

そればかりではない。「物」講演の「虚無化」論は、第二次世界大戦末期にハイデガーが書き記した『野の道』対話篇シリーズにも通じている。とりわけ「アンキバシエー」との結びつきは顕著である。そこでも、「瓶」という物が例として取り上げられ、瓶の空洞が、「虚無化」との対比において語られていたからである。だが、この対話篇の一部が一九五九年にはじめて『放下した平静さ』に収められたとき、その「瓶」の例解の出てくる箇所[*27]はそっくり削除された。それゆえ、一九四九年の「物」講演と、この一九四四／四五年の対話篇との関連は、長らく隠されたままだった。前述した通り、全集で「アンキバシエー」の完全版が公刊されてはじめて、「物」講演との連関が明らかとなったのである。

「虚無化の過程」

それと同様、「アンキバシエー」の前半に出てくる、長らく未公刊であった箇所で、「賢者」は、こう無気味な予言を語っていた。

人間による対象化が自然を見舞うとき、自然がおのずから告げてくるまさに当のもののうちには、おそらくは、技術の攻撃に対するひそかな抵抗がひそんでいるのでしょう。これが発見されたことによって解き放たれた自然の威力が、大地を覆い尽くす虚無化の過程において、すでに吐き出されつつあるのです。[*28]

言葉遣いはまだぎこちないながら、「技術の攻撃」に対する自然の側の「ひそかな抵抗」の次元が発見されたことによって、「自然の威力」が解き放たれ、その猛威が「大地を覆い尽くす虚無化の過程」において「吐き出される」ことが、先取りされている。ここで「虚無化」とおぼろに言われているのが、まがまがしい事態であるに違いないことを、「賢者」は予感していた。それを表わすかのように、「虚無化・絶滅 **Venichtung**」はたんなる「破壊・壊滅 **Zerstörung**」とは根本的に異なると、「賢者」は強調している。

「科学者」は、あなたの言うのは「技術的に導かれた自然によって文化が破壊されること」だろう、と解し、もう一人の対話者である「学者」は、その場合破壊されるのは、正確には「過去の文化の記念碑の数々」であって、技術の成立基盤としての文化そのものではない、と受け流そうとする。[*29] ところが「賢者」は、「私の語っているのは虚無化であって、たんなる破壊ではありません」[*30]と主張して譲らない。「虚無化」とは、「無数の人間の生命の破壊」を含む「包括的破壊」でも、「全面的破壊が昂じて根絶にまで至ること」でもなく、総じて、「たんに破壊の程度が高次になるとか、最高度に達するとかいったことでは断じてない」。つまり「虚無化は、破壊とは本質的に別物なのです」[*31]。

ここでは「賢者」は、それ以上「虚無化」について詳しく語ることができない。強いて言えば、それが「人類に関係している」[*32]ということだけである。

この「虚無化」は、その後も見え隠れしつつ、それ以上掘り下げられていないながら、この「アンキバシエー」の根本主題であり続けることは、「一九四五年四月八日」という日付けの打たれた、この対話篇の結語の次の言葉に明らかである。

> この対話篇の間じゅうそっと触れられている本質的な思想は、まだそれほど熟考されたものではない。その思想が関係している問いは、自然は、その領域が対象化されることを許すことによって、技術に対してどこまで抵抗しているか、というものである。その場合、自然によって引き起こされる人間の本質の虚無化は、人間の除去では決してなく、人間の意志の本質の完成を意味するのである。[*33]

この段階では、第二次世界大戦中にナチドイツがユダヤ人問題の「最終的解決」のためにヨーロッパ各地に建設し着々と稼働させていった「絶滅収容所 *Vernichtungslager*」の全貌は、一般には明らかとなっていなかった。また、一九四五年六月一六日に爆発テスト成功に至った原子爆弾製造プロジェクトが、八月六日と九日に広島と長崎の市民に実地で使用され、「殲滅戦争 *Vernichtungskrieg*」の新時代が幕を開けたことも、もちろん事実としては確定していなかった。「虚無化」の正体が何であるか、当時としては知る由もなかったのである。いや、それを言うなら、戦後七〇年以上経った二一世紀の今日でも、この出来事の意味が明らかになったとは、誰にも言えないのである。

物の虚無化はいつから?

さて、「物」講演の文脈に戻ろう。一九四九年末の段階で、ハイデガーは「物の虚無化」について、こう語る。

原子爆弾の爆発とは、物が虚無化されるという事態がとっくの昔から生起してしまっていることを確証するあらゆる粗暴な証拠のうちの、最も粗暴な証拠でしかありません。この場合、物の虚無化とは、物が物としては虚無的なものにとどまる、という意味です。*34

「原子爆弾の爆発」が日付けを特定できる出来事だとして、では、それを準備した「物の虚無化」はいつから始まったのだろうか。「とっくの昔」とはいつのことか。

もちろん色々なエポックが思い浮かぶ。アインシュタインとシラードがルーズヴェルト米国大統領に原子爆弾開発計画の推進を求める手紙をひそかに書き送った一九三九年——核分裂の生成を提唱する論文がマイトナーとフリッシュによって発表されたのも、第二次世界大戦勃発のこの年——。ラザフォードが放射線を加速させて物質に衝突させる一連の実験を行ない、原子模型を発表した一九一一年。さらには、マリー・キューリーがウラン原子の放射性を「放射能」と命名した一八九八年……。

しかしハイデガーは、もっとずっと昔を想定しているようである。今引用した「物の虚無化」の説明箇所は、『講演と論文』所収のミュンヘン講演版では、さらにこう付加されている。「物の物性はあくまで隠され、忘れられたままです。物の本質は決して前面に現われません、すなわち、言葉にもたらされません。このことを、物が物としては虚無化されている、という言い方は意味しているのです[*35]」。「物の本質」が隠され、忘れられたままであるのは、近代に始まったどころか、古代以来ずっとそうなのだ、と言わんばかりである。

じっさい、ハイデガーはこの段落の最後で、「物の虚無化」という歴史的事態に関して、こう見立てを述べている。「こうした事態がすでに生起しているのであり、しかも、それが本質的に生起しているはなはだしさたるや、物がもはや物としては容認されていないばかりか、物がそもそも物として思索に現われるということがこれまで一度もありえなかったほどです[*36]」。ここで強調を付した「思索に」は、ブレーメン講演にはなく、『講演と論文』で付加されたものだが、これはさらに、「プラトン以来の哲学者の思索に」と敷衍することもできるだろう。

しかし、では、古代以来の形而上学と近代に固有な科学＝技術との懸たりをどう考えたらよいのか、と訊きたくなるが、この点はあとで再考しよう。少なくとも、「物」講演で、ハイデガーが「物の虚無化」を、古代以来えんえんと続いてきた歴史的過程だと見ているのは確かである。この恐ろしく遠大なヴィジョンこそ、ハイデガーの技術論の特長をなすものであってみれば、ひとまずその悠長さに付き合ってみるに如《し》くはない[*37]。

3　物から世界へ

対象としての物、実体としての物

「物」講演の本文冒頭近く、「瓶」の例が持ち出されるさい、奇妙な言葉遣いが持ち出される。「自立的物象 Selbststand」[*38]という言い方である。瓶は、「それ自体で立っている Insichstehen」ことから、「自立的なもの etwas Selbstständiges」[*39]だとされ、それがさらに「自立的物象」と呼ばれるのである。

この言い方は、「対立的物象 Gegenstand」つまり「対象」との対比で持ち出されている。「対象」とは、「対向的に立っている Gegenstehen」からそう呼ばれるのであり、何に対してかと言えば、人間の側の「表象作用 Vorstellen」に対してである。こちらで「前に立てて－表象する Vor-stellen」ことと相関的に、向こうには「対象」が「対向的に立っている」、というわけである。デカルトが「思考するもの res cogitans」と「延長するもの res extensa」を二分して以来、近代哲学ならではの認識論のスタンダートとなってきた「主観－客観」関係が、「表象－対象」という関係対で説明されているのである。

これに対して、「自立的物象」のほうはと言えば、そのような主／客の対立以前に、素朴に想定されている「どっしりと実在しているもの」が、つまりその意味での「実体」の観念が、ひとまず「自立的なもの」と言い表わされていると見られる。とはいえ、「真に存在するといえるもの」としての「実体 *ousia*, substantia」の探究は、古代存在論以来、哲学の中心問題であり続けてきたのであって、たんに素朴と一蹴するわけにはいかない。この「実体」概念については、ハイデガーはおそらく意図的に深入りを避けているが――「物」という日常的次元にこだわるのはそういう意図もあろう――、それに代えて、もう一つの重要な主題を導入している。「制作 Herstellen」がそれである。Selbst-stand と Gegen-stand、さらに Vor-stellen と Her-stellen。ハイデガー一流の言葉遊びが弄されているだけに見えなくもないが、もう少し付き合ってみることにしよう。

制作されたものとしての物

「瓶」がそれ自体で立っているのは、制作して立てられているからである。ハイデガーは、「産出に由来する物象 Herstand」という奇妙な言い方もしている。[*40]「自立的物象」を、「産出に由来する物象」へ差し戻して考えてみよう、というのである。ここには、伝統的「実体」概念の基礎には古代ギリシア人の「制作」経験がひそんでいた、とする独特の見立てが働いている。およそ「有るといえるもの」を総じて「作られたもの」と見なす存在理解を、ハイデガーは、プラトン以来の西洋存在論の歴史全般に見出そうとした。この大胆な哲学史観は、じつに一九二〇年代以来のモティーフだが、その片鱗なら、この「物」講演にも表われている。[*41]

瓶を作るには、原料が必要である。「陶工は、瓶を作るためにとくに大地から選びぬかれて調合された土をもとに、土製の瓶を製造します」[*42]。それぱかりではない。瓶を作るには、どんな形態にするかが、あらかじめ指図されている必要がある。「瓶は、制作される過程で、制作者に対して前もってその姿かたちを示すのでなければなりません」[*43]。「原料」と「姿かたち」。言いかえれば、「質料」と

「形相」。この二つの存在論的原理を持ち出したアリストテレスの手前に、プラトンが唱えたのが、まさに「形相 *eidos, idea*」――つまり「姿かたち Aussehen」――に優位を置く「イデア」説であった。そのプラトンのイデア本位の存在論が「制作」経験に根ざしていた、としてハイデガーは、こう自説を述べる。

現前的にあり続けるものの現前性を、姿かたちのほうから表象して立てたプラトンは、それゆえ、物の本質を思索しなかったのです。その点では、アリストテレスにしろ、それ以後のどんな思想家にしろ、同様です。むしろプラトンは、およそ現前的にあり続けるものすべてを、制作して立てるはたらきの対象として経験したのであり、しかも、それが尺度となって後代に決定的な影響を及ぼすことになりました。[*44]

「現前的にあり続けるものの現前性」とは、『存在と時間』で言う「存在者の存在」の言い換えと考えてよい。存在を「イデア」と解したプラトンは、「物の本質」に思いを致さず、物を物として思考しなかった――となると、ハイデガーの理屈では、プラトンの時代からすでに「物の虚無化」は始まっていたことになる。なんとも過激な見解だが、その当否はここでは問わない。少なくとも、ここでハイデガーは、制作経験を規準にして存在を理解するのとは決定的に異なる存在理解を求めて、「物を物として熟考」しようとする。

では、どうすれば「物としての物に到達する[*45]」ことができるのだろうか。

納めることと、捧げること

ここで話は、先にふれた「空洞」に戻る。

ハイデガーによれば、「瓶の物らしさのゆえん」は、それが「容器」であることに存し、その「納めるはたらきの部分」つまり「空洞」こそ、「瓶の本体」だという。[*46] この「無の部分」を、科学的知見という予断を持ち込むことなく、いわば虚心坦懐に見てとるとき、何がそこにみずからを現わしてくるだろうか。——さしずめ、物に即しての「空洞の現象学」が、ここに展開されてゆく。

「瓶の空洞は、どんなふうに納めるはたらきをするのでしょうか」。そう切り出すハイデガーは、次のようにみずから答えていく。「それは、注ぎ入れられたものを受けとる、というふうにしてです。空洞が納めるはたらきをするのは、受けとりつつ保っておく、という二重の仕方においてなのです[*47]」。

この「注ぎ入れられたものを受けとり、注がれたものを中に保つ、という二通りのはたらき」は、さらに「注ぎ出すはたらき」のほうから規定されている。瓶の空洞に、液体を注ぎ入れるのは、たんに取っておくためだけではなく、その中身を別の何かに注ぎ入れるためである。この「瓶から注ぎ出すはたらきとは、捧げるはたらきです。注がれたものを捧げるはたらきにおいて本質を発揮しているのが、容器の納めるはたらきなのです[*48]」。

「捧げる Schenken」とは、「贈る」と訳してもよい言葉である。そして、ふつう「贈り物・プレゼント」と訳されるドイツ語 Geschenk を、ハイデガーはキーワードとして用いようとする。「瓶は、捧げるはたらきにおいてこそ瓶なのですが、この捧げるはたらきは、受けとりつつ保っておくという二重の意味での納めるはたらきへと、しかも注ぎ出すはたらきへと、おのずと集約されているのです」。[*49]「山 Berg」の集まりのことを「山並み・山脈 das Gebirge」と言うように、受けとりつつ保っておくという二重の納めるはたらきを、注ぎ出すはたらきへと集約する、捧げるはたらき（Schenken）の統一的相互連関のことを、「捧げることの全体 das Geschenk」[*50]と呼ぶのである。

瓶の本体が空洞であるのは、この容器が納めるはたらきをするからであり、受けとりつつ保っておくことからなる容器としてのこのはたらきは、これはこれで、注ぎ入れられたものを注ぎ出すことへと、つまり捧げるはたらきへと指し向けられている。瓶の空洞という「無」に、これだけの豊かな「捧げることの全体」が漲《みなぎ》るのである。

そればかりではない。この「捧げることの全体《ゲシェンク》」がまさに、「飲み物」という「贈り物《ゲシェンク》」となる。たとえば、瓶から注ぎ出される「水やワイン」がそうである。[*51]

大地と天空、死すべき者たちと神的な者たち

そしてそこから、思いがけない形で、さらなる広がりが開けてくる。

> 捧げることの全体をなす水にやどり続けているのは、水源としての泉です。その泉にやどり続けているのは、石の塊からなる岩盤であり、その岩盤にやどり続けているのは、大地の暗いまどろみです。その大地は、これはこれで、天空からの雨露を受け入れています。つまり、泉の水にやどり続けているのは、天空と大地の婚礼なのです。大地と天空のこの婚礼は、ワインに

もやどり続けています。というのも、そのワインをもたらすのは、ぶどうの実ですが、そのぶどうの実を仲立ちとして、大地の養分と天空の太陽は、たがいに契《ちぎ》りを結んでいるからです。水を捧げることの全体にも、ワインを捧げることの全体にも、やどり続けているのは、どちらも天空と大地なのです。ところで、注がれたものを捧げることの全体こそ、瓶の瓶らしさでした。それゆえ、瓶の本質にやどり続けているのは、大地と天空にほかなりません。*52

思わず一段落長々と引用してしまったが、この箇所は、「物」講演における現象学的記述の転換点をなしているように思われる。瓶という「小物」の内側の「空洞」を覗き込んで、その容器としての機能をこまごまと調べ上げることから、「捧げることの全体」を引き出すや、今度は一転して、「大地と天空」という広大きわまりない話へ突入していく。大風呂敷を広げるのが哲学だと言われても、瓶に注ぎ入れ、そこから注ぎ出す水やワインに、「天空と大地の婚礼」が宿る、と観ずることへ急転直下する大胆な展開には、さすがに面食らう読者も多いだろう。だがハイデガーは、そういう慎重な読者を置いてきぼりにするかのように、さらにその先へと進む。

注がれたものを捧げることの全体は、死すべき者たち、つまり人間にとっての飲み物となります。飲み物は、彼らののどの渇きをうるおし、彼らの余暇の時間を溌剌《はつらつ》とさせ、彼らの付き合いを晴れがましくします。他方、瓶の捧げることの全体は、ときとして、奉納として捧げられることもあります。注がれたものが奉納される場合、それはのどの渇きをしずめるのではなく、祭りのお祝いに供えられ、神前をしずめるのです。〔…〕注がれたものは、不死の神々に献じられた神酒《みき》なのです。*53

飲み物を捧げることの全体には、「死すべき者たち」がやどり続け、神酒を捧げることの全体には、「神的な者たち」がやどり続けている、という。かくして、大地と天空、死すべき者たちと神的な者たち、の「四者」が出揃う。天・地・神・人が、瓶の空洞に集まり、出会い、遣り合う。物から世界への道が、ここに開かれるのである。

4 四方界としての世界

等根源性の原則

注がれたものを捧げることの全体にやどり続けている「四者 die Vier」、つまり天空と大地、神的な者たちと死すべき者たちの組み合わせは、「四方界 das Geviert」と呼ばれる。

注がれたものを捧げることの全体には、一方では大地と天空が、他方では神的な者たちと死すべき者たちが、ともにやどり続けています。この四者は、おのずから一になりつつ、たがいに帰属しています。この四者は、現前的にあり続けるすべてのものに先立って、単一化されて、唯一の四方界を織りなしているのです。*54

「ともに（zumal）」という強調は『講演と論文』ではじめて付されたが、「大地」・「天空」・「神的な者たち」・「死すべき者たち」はともに等しく「四方界」をなす同位同格の四者なのだという。同時性というより、むしろ四者間の同資格性、対等性が問題になっている。

複数のものどうしの等しい位格を表わすこの「ともに」を、『存在と時間』の用語であえて言い直せば、「等根源的に」ということになる。この点をしばし顧みてみよう。

「等根源的 gleichursprünglich」とは、「同じ gleich 根源 Ursprung に由来する」という意味ではない。そうではなく、「等しく gleich 根源的 ursprünglich」という意味である。派生的な事柄が同じ単一の原理に還元されうるということと、それ以上遡れない複数の原理的な事柄が同じ資格で並び立っているということは、正反対である。複数の原理の並存を意味するのが、ハイデガーの「等根源的」という用語なのである。大地と天空、神的な者たちと死すべき者たちは、まさにその意味で、四方界という全体を形づくる「等根源的」な部分にほかならない。

「等根源性」について、『存在と時間』第二八節では、こう説明されていた。

内存在を主題的に問いたずねる場合、なるほどわれわれはこの現象の根源性を、他の諸現象から演繹的に導き出すことによって、言いかえれば、諸要素に還元してしまう意味での不適切な分析によって虚無化 vernichten しようとするわけにはいかない。とはいえ、ある現象が根源的であって他の諸現象からは導き出せないからといって、当の現象を構成する存在性格が複数あって多様であるということを、べつに排除するわけではない。そうした多様な存在性格が明らかとなる場合、それらは実存論的に等根源的なのである。あるものを構成する契機が複数あって等根源的だというこの意味での等根源性の現象は、存在論においてしばしば軽視されてきた。これは、ありとあらゆるものが唯一の単純な「原根拠」に由来すると証明したがる方法論的に節操のない傾向の結果なのである。*55

やや長い引用になったが、きわめて重要なことが言われている。『存在と時間』の文脈で言うと、「世界内存在」を構成する三つの契機（＝全体を形づくる部分）のうち、一番目の「世界」と、二番目の「誰であるか」が第二七節までで分析され、いよいよ三番目の「内存在」そのものの分析が着手されてゆくさいの方法論的原則が宣言されている。内存在が「情態性」（気分）、「理解」、「語り」という、「開示性」のいくつかの契機から成ることを、これから解明してゆくことになるが、それらは、内存在の全体を「等根源的」に形づくる部分だ、というのである。つまり、それらの契機はどれも内存在にとって欠くことのできない重要な要素であり、一方を他方から導き出すことはできない。言い換えれば、一方を他方へ還元することはできない。そのような不適切な還元を無理やり推し進めようとすることが、ここで「虚無化」と呼ばれていることに注意したい。

たった一つの原理が根源をなし、そこから他のすべてが派生する、と考えるのは、存在論においてありがちな発想だが、一つの偏見にすぎない、とハイデガーは見る。逆に言うと、ハイデガー自身の存在論は、複数の原理を許容する哲学なのである。

このように『存在と時間』では、世界内存在という全体は、等しく根源的な部分を許容するものとして分析された。最初に出てくる「世界」・「誰であるか」・「内存在」という三つ組みからしてそうであった。現存在の存在が「気遣い」と規定される場合にも、「配慮 Besorgen」と呼ばれる「道具への気遣い」・「顧慮 Fürsorge」と呼ばれる「他者への気遣い」・狭義の「気遣い Sorge」つまり「自己自身への気遣い」の三者が、同じ資格で並べ置かれる。さらに、気遣いが「みずからに先んじて―（世界の）内にすでに存在する―（世界内部的に出会われる存在者の）もとでの存在として」[*56] というふうに三肢的に構造づけられる場合でも、それらはみな等根源的である。その気遣いが、『存在と時間』後半で「将来―既在性―現在」という時間的意味へと掘り下げられるときにも、その三者――「脱自態」と呼ばれる三つ巴――はあくまで等根源的なのである。『存在と時間』で企てられた存在論とは、時間という観点がとりうる多様性にもとづいて存在を統一的に捉えようとする試みだった、と言ってもいいくらいである。

本有化の出来事の思考

それと同じことが、「四方界」についても言える。

瓶に注がれたものを「捧げることの全体」にやどり続けている大地と天空、神的な者たちと死すべき者たちの四者は、それぞれ他に解消不可能なものとして相対峙している。そして、物がそのような四方界としての世界を「やどり続けさせていること Verweilen」を、ハイデガーはすぐさま「出来事として本有化する ereignen」と言い換えている。[57] ここは、「出来事」を意味するドイツ語 Ereignis を独自の意味で用いるハイデガーの用語法を理解するうえで、注目すべき箇所であろう。「本有化の出来事《エアアイグニス》」――これは、一九三〇年代半ば以来のハイデガーの思索の事柄を表わす根本語である。物に四方界が「やどり続ける weilen」ことと、物が四方界を「やどり続けさせる verweilen」こととが、相互に呼び求め合う。ここでも、つまり物と世界の間にも、位格上の等しさが成り立つ。四者間の対等性を保証しつつ、四方界をやどり続けさせるという仕方で、はじめて物は物たりうる。この事態をハイデガーは、「物は物化する。Das Ding dingt.」[58] と表現するのである。同語反復の極みのようだが、これは、自己同一性の確認ではなく、むしろ、物と世界という両者の相即性、および物にやどる世界を形づくる四者の複数性の容認を意味する。これと対をなす言い回し「世界は世界する。Die Welt weltet.」も、同じ事態の裏側を言い当てようとするものである。

ドイツ語の「物 Ding」はその語源からして「集める」という意味をもつ、とハイデガーは指摘する。語源的説明の当否はここでは措く。この場合の「集める」は、対等な者どうしが対等な資格で集《つど》い合うようにさせ、それぞれが相手を認め合いつつ、相互に張り合いを演じるようにさせる、という意味である。バラバラに孤立しているのでなく、一緒になって相和《あいわ》しつつ、しのぎを削ることで、それぞれが本領を発揮するように、複数の者たちを連帯させるのである。

ハイデガーは、「物」を表わすラテン語 res にも、ドイツ語（英語と同系）の古語 thing と同じく、話題にのぼっている「関心事」という意味がある、と説明している。そのさい、res publica というラテン語に言及して、この語がもともとは「国家」という意味ではなく、「人民の誰にも公然と係わり合ってきて〔…〕公的に審議されるもの」[*59]という意味だとするとき、そこには、対等な者どうしの集まり・会合・連帯としての共同体という、古代ローマの「共和的なもの」の精神が、残響をとどめている。複数の原理を許容する存在論は、複数の者たちが対等に渡り合い、遣り合いを演ずる自由な空間の承認を含意する。少なくともそれは、単一の支配原理に万人を強制させる全体主義的体制とは発想を異にしているのである。「物＝会合」解釈から、そういう政治哲学的含意を汲みとってもよいだろう。

四方界をなすエレメントたち

それにしても、物に等しく根源的にやどる「四者」とは、もっと具体的に言えば、どのようなものであり、どういった組み合わせをなすのか。[*60]

ハイデガーによれば、大地とは、「建てつつ担うものであり、養いつつ実らせるものであり、はぐくむ水源や鉱石、植物や動物からなる全体[*61]」である。また、天空とは、「太陽の運行であり、月の推移であり、星々の輝きであり、一年の時節であり、昼の陽光、あけぼのとたそがれであり、夜の闇と明るみであり、天候の恵みと厳しさであり、雲の流れと深い青空[*62]」である。

われわれが「自然」という言葉、あるいは「環境」という言葉で一括しているものが、見たところ非常に素朴な形で、いわば詩的に挙げられている。この「天－地」の対が何を言わんとしているかは、さしあたり不明である。

もう一つの対はどうだろうか。「神的な者たちとは、神聖な合図を送ってくる使者のことです[*63]」と言われると、ますます困ってしまう。この説明を真に受ければ、「天使」のことを指しているようにも見えるが、特定の宗教的観念はカッコに入れておこう。ニーチェによって「神の死」が宣告されて久しい現代に、「神的なもの」について語るとは、しかも哲学的に語るとは、いかなるものでありうるのか――がここで問われていると言ってよい。

この最も分かりにくい「神的な者たち」とのセットで語られるのが、「死すべき者たち」である。「死すべき者たちとは、人間のことです[*64]」。この一文だけは妙に分かりやすい。人間のことを「死すべき者たち *thnētoi*」と呼んだのは、古代ギリシア人であった。その場合、さしあたり「神々」が参照項とされていた。人間がみずからを「死すべき」者だと自覚するのは、決して死ぬことのない「不死」の者とのコントラストにおいてはじめてである。神々とは「不死なるもの」の代名詞だが、不死だという点では、天空も大地もそうである。同じことが際限なく繰り返す森羅万象のなかで、人間だけが「死ぬ」。

いや、動物だって死ぬ、いのちあるものはすべて死ぬのだ、と言われるかもしれない。そうではない、とハイデガーは言う。「死ぬのは人間だけです。動物は生を終えるのみです[*65]」。『存在と時間』にも出てくる考え方だが[*66]、これについて急ぎ見ておこう。

死すべき者たちと、物への労わり

動物の場合、個体が滅んでも、種は滅びない。親が子を残し、子が親となってそのまた子を残す、という世代交替の連鎖が続くからである。もちろん人間も、生き物であるかぎり、そういう面がある。

一家や村落の存続から、一民族や人類の存続まで、生物学的意味での世代交替という面がある。だがそれにとどまらない面が、人間にはある。

個体は、死んだら終わりである。一回限りの唯一無比のいのちとその尊厳、ということが語られるのが人間である。この「死すべき者たち」の死生観を、他の動物に拡張すると、そこに、生きとし生けるものすべての平等が成り立つ。だがそれは、しばしば喧伝されるように、「人間中心主義の克服」ではない。むしろ、人間自身の属性を、生き物すべてに、ひいては万有に当てはめようとする擬人化の自己貫徹と言うべきだろう。

ハイデガーは、生き物が「生を終える verenden」ことと異なる、人間に固有な「死ぬ sterben」ことを、「死を死として能くする den Tod als Tod vermögen」ことだと言う。[*67] ここには、死をあくまで可能性として理解しようとする『存在と時間』の死の思索が、鳴り響いている。おのれを「死への存在」として自覚しつつ、生を生き切って生死を丸ごと肯定しようとする「死への先駆」の思想は、ここに健在である。しかし、そうした前期思想に尽きないものが、後期の「四方界」の思想にはある。

人間の有限性から出発しつつ、物のもとにとどまって世界に住むことの全体を考えようとする後期の思索の境涯が、そこに開けてくる。「物」講演の締めくくり近くで、「物を物として労わる」[*68] と言われている事態がこれに相当する。前期の用語を使って表現すれば、「本来性」と「非本来性」の絡み合いがそこでは問題となろう。

このことを掘り下げて考えるためには、「物と世界」の間柄について、別の仕方で語っているもう一つの講演「建てること、住むこと、考えること」に目を向けることにしよう。「物」講演に劣らず

「四方界」について踏み込んで語っており、しかも「労わりの現象学」をいっそう具体的に展開している、ハイデガーのこの建築論を読み併せることで、四方界のエレメントの組み合せの諸相に習熟することにしたい。

＊1 Martin Heidegger, *Feldweg-Gespräche*, Gesamtausgabe Bd 77, Klostermann, 1995. ――GA77と略記し、ページ数を付す。邦訳は、『ハイデッガー全集第七七巻　野の道での会話』、麻生建・訳、創文社、二〇〇一年。
＊2 Martin Heidegger, *Gelassenheit*（1959）, Neske, 8. Aufl., 1985. ――略号G。本書に収録された二篇のうち、「放下した平静さ」（一九五五年メスキルヒ講演）は全集版では第一六巻に、「放下した平静さの究明のために」（一九四四／四五年成立の対話篇）は第一三巻に、それぞれ収録された。全集版では、「物」講演を間に挟んでの両テクストの結びつきが見えにくい。以下では、単行本の重要性に鑑みて、そのページ付けも添える。
＊3 GA77, 179.
＊4 GA77, 5.
＊5 SZ, 362.
＊6 GA77, 6.
＊7 GA77, 14
＊8 ただし、『存在と時間』でもすでに、理論的なものの成立に先立つ――実践的というよりは――技術的なものへの着眼が打ち出されていた。「実験の成果としての度数を読み取るには、実験順序の複雑な「技術的」構築をしばしば必要とする。顕微鏡による観察は、「標本」の制作に差し向けられ、それに依拠している」（SZ, 358）。
＊9 GA77, 53.
＊10 GA77, 157.
＊11 GA77, 240.
＊12 GA77, 211.
＊13 GA79, 4 = VA, 158;『技術とは何だろうか』、一七―一八ページ。
＊14 GA79, 4 = VA, 158;『技術とは何だろうか』、一八ページ。
＊15 GA79, 4 = VA, 158;『技術とは何だろうか』、一八ページ。
＊16 GA79, 3-4 = VA, 157-158;『技術とは何だろうか』、一六―

一七ページ。

＊17 SZ, 102. 強調は原文。

＊18 SZ, 105. 強調は原文。

＊19 GA79, 5 = VA, 158;『技術とは何だろうか』、一八ページ。

＊20 GA79, 5 = VA, 158;『技術とは何だろうか』、一八―一九ページ。

＊21 GA79, 13 = VA, 166;『技術とは何だろうか』、三四ページ。

＊22 GA79, 5 = VA, 158;『技術とは何だろうか』、一九ページ。

＊23 GA79, 8 = VA, 161;『技術とは何だろうか』、一九ページ。

＊24 GA79, 8 = VA, 161;『技術とは何だろうか』、二五ページ。

＊25 GA79, 9 = VA, 162;『技術とは何だろうか』、二六ページ。

＊26 GA79, 9 = VA, 162;『技術とは何だろうか』、二六ページ。

＊27 GA77, 123-138.

＊28 GA77, 17-18.

＊29 GA77, 18.

＊30 GA77, 18.

＊31 GA77, 18-19.

＊32 GA77, 20.

＊33 GA77, 157.

＊34 GA79, 9 = VA, 162;『技術とは何だろうか』、二六ページ。

＊35 VA, 162;『技術とは何だろうか』、二六ページ。

＊36 GA79, 9 = VA, 163;『技術とは何だろうか』、二七ページ。強調は引用者。

＊37 かつてハイデガーは、一九二九年のフライブルク大学就任講演『形而上学とは何か』で、「無の本質」たる「無化 Nichtung」について語った。「無それ自身が無化する。Das Nichts selbst nichtet.」（Martin Heidegger, "Was ist Metaphysik," in: *Wegmarken*, GA9, 114）。「無を思考すること Nichts zu denken」が「何も考えないこと nicht zu denken」を意味せざるをえない、という危険を冒して。じつはそれと似た挑戦は、「空虚」を思考した古代原子論者によって挑まれていたようにも思われるが、それとはまた別の仕方で、二〇世紀の「殲滅 Vernichtung」の出来事に接したハイデガーは、「虚無化 Vernichtung」を思考することにあらためて挑もうとしたかのようである。

＊38 GA79, 5 = VA, 159;『技術とは何だろうか』、一九ページ。

＊39 GA79, 5.『講演と論文』では "etwas Selbständiges" という綴りである（VA, 159）。

＊40 GA79, 7 = VA, 160;『技術とは何だろうか』、二二ページ。

＊41 古代ギリシア以来の西洋存在論の根底に「有るとは、制作されているということである」という存在理解を見出す考え方――「存在＝被制作性」テーゼ――は、一九二二年の草稿「アリストテレスの現象学的解釈」、いわゆる「ナトルプ報告」にすでに見出され、一九二七年刊の『存在と時間』でも暗示されており、一九二七年夏学期マールブルク講義『現象学の根本諸問題』では比較的詳しく語られる。

他方で、「物」講演以後は語られなくなってゆくことにも注意しなければならない。本書第5章参照。

＊42 GA79, 6 = VA, 159;『技術とは何だろうか』、二〇ページ。

＊43 GA79, 7 = VA, 160;『技術とは何だろうか』、二二ページ。

＊44 GA79, 7 = VA, 160;『技術とは何だろうか』、二二ページ。

＊45 GA79, 6 = VA, 160;『技術とは何だろうか』、二一ページ。

＊46 GA79, 7-8 = VA, 161;『技術とは何だろうか』、二三―二四ページ。

＊47 GA79, 10 = VA, 164;『技術とは何だろうか』、二九ページ。

＊48 GA79, 10 = VA, 164;『技術とは何だろうか』、二九ページ。

＊49 GA79, 10-11 = VA, 164;『技術とは何だろうか』、三〇ページ。

＊50 GA79, 11 = VA, 164;『技術とは何だろうか』、三〇ページ。

＊51 GA79, 11 = VA, 164;『技術とは何だろうか』、三〇ページ。

＊52 GA79, 11 = VA, 164-165;『技術とは何だろうか』、三〇―三一ページ。

＊53 GA79, 11-12 = VA, 165;『技術とは何だろうか』、三一ページ。

＊54 GA79, 12 = VA, 165-166;『技術とは何だろうか』、三三ページ。

＊55 SZ, 131.

＊56 SZ, 192.

＊57 GA79, 12 = VA, 166;『技術とは何だろうか』、三三ページ。

＊58 GA79, 13 = VA, 166;『技術とは何だろうか』、三四ページ。

＊59 GA79, 13 = VA, 167;『技術とは何だろうか』、三六ページ。

＊60 世界を形づくる四つの「エレメント」と言えば、アリストテレスの「四元素」説が有名である。地・水・風（空気）・火の「四大」が、それぞれの性質を備えつつ相互に組み合わさって月下の世界の生成消滅現象を織りなす、という巧みな説明であった。

＊61 GA79, 17 = VA, 170;『技術とは何だろうか』、四二ページ。

＊62 GA79, 17 = VA, 171;『技術とは何だろうか』、四三ページ。

＊63 GA79, 17 = VA, 171;『技術とは何だろうか』、四三ページ。

＊64 GA79, 17 = VA, 171;『技術とは何だろうか』、四三ページ。

＊65 GA79, 17 = VA, 171;『技術とは何だろうか』、四三ページ。

＊66 SZ, 247 参照。

＊67 GA79, 17 = VA, 171;『技術とは何だろうか』、四三ページ。

＊68 GA79, 20 = VA, 174;『技術とは何だろうか』、四八ページ。

第3章

ハイデガーの建築論

「建てること、住むこと、考えること」講演

前章で扱った「物」講演の姉妹編とも言える1951年のダルムシュタットでの講演「建てること、住むこと、考えること」を、本章では読んでいく。

この講演は、文字通り「建てること」、「住むこと」の存在論的意味合いに踏み込むという、まさに哲学者の建築論とでもいうべきものである。

そして、ここでは天・地・神・人という世界を構成するエレメントに「四方界を労わる」という仕方で関っていくという考え方が登場するが、これは本書の思索において、後々大切なものになっていく。

1 建てることは住むことである

哲学者の建築論

ハイデガーは、一九五一年八月五日にダルムシュタットで開かれたドイツ建築家協会のシンポジウム「人間と空間」に招かれて、講演を行なった。このシンポジウムには、第二次世界大戦で荒廃したドイツをいかにして復興すべきか、語り合うという趣旨があった。戦後六年を経て、なお住宅難は続いていたのである。同じ日には、スペインの高名な哲学者ホセ・オルテガ・イ・ガセット(一八八三―一九五五年)も講演している。[*1] オルテガが、ラフな原稿を用意し、母国語でないドイツ語を用いつつ自在の語りで聴衆を魅了し、笑いをとることも忘れなかったのに対して、ハイデガーは、入念に仕上げられた原稿を重々しく読み上げ、会場は静まり返ったという。[*2] この講演「建てること、住むこと、考えること Bauen Wohnen Denken」は、哲学者の建築論として有名となった。[*3]

荒廃の後には、復興がある。戦災のみならず、自然災害の場合でもそうである。被災地をいかに建て直すか。人間に忍耐を強いるこの問題は、核時代にはいっそう複雑さを増し、復興しえないほど深手を負った国土を前にして途方に暮れるという、すさまじい経験の形をとるに至っている。その場合、小手先の「テクニック」で何とかしようという魂胆そのものが失効してしまう。建てるとはどういうことか、が真に問われるとき、それとともに問われざるをえないことがある。住むとはどういうことか、である。

本章で取り上げるテクスト「建てること、住むこと、考えること」は、建築論としては乏しい内容だと言われるかもしれない。ハイデガー自身、冒頭でこう断わっている。「以下で考えながら試みたいと思うのは、建築術や技術にもとづいて、建てることを描き出すことではまったくなく、建てることを追跡することで、およそ有るといえるあらゆるものが属している当の領域へと遡ってゆくことです」[*4]。つまりこれは、建築論である以前に、存在論なのである。『存在と時間』の著者が、世界内存在というテーマを続行する試みとして、「大地に住むこと」について熟考しようとしている。そのさい手がかりとなる存在者、つまり「物」がこの場合――瓶という「容れ物」ではなく――「建物」なのである。

では、建築論としては意味がないのかと言えば、必ずしもそうではない。建てるという営みを、住むといういっそう広範な営みに差し戻して、じっくり考えることは、およそ建築という人間の営みに携わる者にとって、忽《ゆるが》せにできない課題であるにちがいない。逆に言えば、住むことと乖離して、ただ建てるだけでは、もはやそれは建てることですらない。それどころか、ひたすら建てるために建てようとすることは、壊すことでしかない。そういう解体予備対象然とした非－建物が、地上にタケノコのように群がり生えているのが、われわれが現に目にしている地上の光景ではないだろうか。

とはいえ、先走るのは控えよう。まずはテクストに即して、建てることと住むこととの関係を考えることから始めたい。

建てることと住むこと

ハイデガーは第一節冒頭で、建てることは住むことを「目標」とする、という理解を批判的に取り上げる。手始めに例として挙げられ、あとで詳述もされる「橋」や「発電所」といった建造物を考えてみればすぐ分かる通り、あらゆる建物が「住宅建築」つまり住むための建物であるとは限らない。しかも、住むこともこれはこれで、たんに自分の家に寝泊まりすることだけでなく、広い意味に解される。ハイデガーの挙げている他の例を持ち出せば、「飛行機格納庫、競技場」、「駅、高速道路、ダム、集会場」[*5]といった非住宅建築を含む多種多様な建物群によって形づくられた人工の居住空間に、人間は住むのである。

そのように、建てることも住むことも、広く解されるとして、建設は居住のための営みであるかに見える。つまり、建てることは住むという目的のための手段であるかに見える。なるほど、住むことを蔑《ないがし》ろにして建てること自体を目的とすることは、先にふれたように、もはや建てることとは言えないだろう。しかしだからといって、住むこと＝目的、建てること＝手段と考えれば済むかといえば、そうではない。

ハイデガーは、技術を論ずるにあたって、目的－手段－図式で割り切ろうとするありがちな発想を、一貫して批判――否定ではない――しようとする。これを建築論の場合で言うと、住むことと建てることの関係を、目的と手段の関係としてのみ理解するのは、間違っているとまでは言えないが、まったく不十分だ、という主張となる。その論拠はこうである。「というのも、建てることは、住むための手段や方途にすぎないのではなく、建てることがそれ自身においてすでに、住むことだからです」[*6]。

「建てることは住むことである」。意味不明の命題のようだが、「建てるという仕方が、住むというあり方には属する」という意味にとれば、理解できなくもない。「建てることは住むことに属する」という命題は、じっさいこの講演の基調をなすものだが、ハイデガーは例によって、まずは語源的説明に訴える。「物」講演でも、「物」を表わすドイツ語 Ding の古形 thing は、「取り集める」という原義をもつとされた。この「建築」講演では、とりわけ、「建てる」という意味のドイツ語の動詞 bauen の古形 buan は、wohnen つまり「住む」という意味であった、と強調される。[*7]

しかし、そうなると今度は、ではその「住む」とはどういう意味か、という疑問が当然生じる。古語の wohnen は「留まる、滞在する」という意味だとしつつ、ハイデガーはさらにこの「住む《ヴォーネン》」を理解するうえで、「建てる《バウエン》」の古語 buan が、(ich) bin つまり「(私は) 存在する」という意味に通ずるものであった、と指摘する。「建てる」という仕方で「住む」ことは、われわれ人間がこの地上に「存在する」ことなのだ、というのである。「人間であるとは、死すべき者としてこの地上に存在するということであり、つまり住むということなのです[*8]」。住むことへの問いは、そのまま人間存在への問いとなる。

住むとはどういうことか

「私は存在する ich bin」とは元来、「私は住む ich wohne」という意味をもっていた――この語源的説明は、『存在と時間』の本論の最初のほうで、世界内存在の解明が開始される箇所でも持ち出されていた。[*9] それがここではさらに、「建てる」という言葉の意味と関連づけられているわけである。とはいえ、同じ意味だったからと繋げるだけでは、連想ゲームにとどまる。問題は、「建てること」がそれに属するとされる「住む」とはどういうことか、である。今見たように、ハイデガーのテーゼはこうである——「住むとは、死すべき者たちがこの地上に存在しているあり方のことである」[*10]。

ハイデガーが「バウエン」という語から聴き取ろうとする事柄は、これに加えて——最初に取り出された「建てるとは、本来、住むことである」のほかに——もう一つある。「住むこととしての建てること《バウエン》は、作物の面倒をみることとしてのバウエンと、建物を打ち建てることとしてのバウエンへと発展する」[*11]がそれである。

これは要するに、ドイツ語の動詞bauenには「(建物を)建てる・建築する」という意味のほかに「(土地を)耕す・農耕する」という意味がある、という語義の確認である。だがそれ以上でもある。ハイデガーは、建築論と別に農耕論の可能性を見据えていたらしいのである。しかもそれは、建てる《バウエン》と並んで、耕す《バウエン》という仕方での住むこと《ヴォーネン》もまた、「労《いた》わるschonen」[*12]という根本動向をもつ、という見通しのもとに構想されていたと解される。「自由にするfreien」という本義をもつとされるこの「労わる」というキーワードには、すぐ立ち帰ることにして、まず見ておくべきは、「住むこと」とはどういうことか、である。

ハイデガーは、「住むことの本質は、どこに存するのでしょうか」と問い、ひとまずこう確認する。「住むことの広がり全体は、次のことに私たちが思いを致すなら、ただちに明らかとなることでしょう。つまり、住むことに人間存在は拠っているということ、しかもそれは、この地上に死すべき者たちが滞在するという意味においてそうだということ、これです」[*13]。「住む」とはどういうことか、という問いは、「この地上に死すべき者たちが滞在する」とはいかなることか、という問いにわれわれを導く。ここからさらに、かの「四者」からなる「四方界」へわれわれは導かれることになる。

2 労わりの現象学

「天・地・神・人」ふたたび

「住む」とは「この地上に死すべき者たちが滞在する」ことだ、としたハイデガーは、続いてこう述べる。

> 「この地上に」というだけでもう、「この空の下に」ということです。どちらにも、「神的な者たちの見ているところに留まる」という含意があり、かつ「人間たちの相互共存に属しつつ」を含みます。根源的統一にもとづいて、大地と天空、神的な者たちと死すべき者たちの四者が、帰属して一つになるのです。*14

「大地」と「天空」、「神的な者たち」と「死すべき者たち」。「物」講演でお目見えした「四者」の等根源的組み合わせが、ここでも打ち出される。「四方界」のコスモロジーが、建築論の土台に据えられるのである。

「四者」それぞれについての説明も、「物」講演とほぼ同様である。――「大地とは、仕えつつ担うもの、咲きつつ実るものであり、広がり渡って鉱石や水源の全体となり、立ち現われては植物や動物の全体となります[15]」。――「天空とは、弧を描く太陽の運行であり、満ち欠けする月の推移であり、瞬《また》く星々の輝きであり、四季とその移り変わりであり、昼の陽光、あけぼのとたそがれであり、夜の闇と明るみであり、快晴と悪天候であり、雲の動きと深き青空です[16]」。――「神的な者たちとは、神聖な合図を送ってくる使者のことです。この者たちの聖なる主宰にもとづいて、神が現われて臨在するかと思えば、身を退けては隠れるのです[17]」。――「死すべき者たちとは、人間のことです。人間が死すべき者たちと呼ばれるのは、人間が死ぬことができるからです。死ぬとは、死を死として能《よ》くすることです。死ぬのは人間だけであり、しかも人間が、大地の上、天空の下、神的な者たちの見ているところに留まるかぎり、人間はたえず死につつあります[18]」。

　死ぬとは、死を死として能くすることであり、死ぬのは人間だけだ、という論点まで、「物」講演とそっくりである。可能性としての死をまっとうして生きるという死の思索を、ハイデガーが『存在と時間』以来一貫して保持していることがよく分かる。だが、ここから話はやや違った方向に進む。「死すべき者たちが四方界に存在するのは、住んでいるからです。ところで、住むことの根本動向は、労わることです。死すべき者たちは、四方界を労わってその本質を発揮させる、という仕方で住んでいるのです[19]」。先に出てきた「労わること」が、ここで前面に躍り出てくる。「建てるとは住むことだ」に続く、ハイデガーの建築＝居住論のもう一つのテーゼは、「住むとは労わることだ」である。

四方界を労わること

ハイデガーによれば、住むことの根本動向は、「労わること・大切にすること Schonen」である。[20]「死すべき者たちは、四方界を労わってその本質を発揮させる、という仕方で住んでいるのです」。[21]「労わること」は、「物」講演の締めくくりにも出てきていたが、そこでは、「物を物として労わる」という言い方がされており、物の本質を思索することが問題であった（本書第2章第4節参照）。ところが、この「建築」講演では、見られる通り、「四方界を労わる」という言い方がされている。つまり、物を労わるというより、四方界としての世界を労わること、が問題となっていることが分かる。

この「世界への労わり」が、四方界のエレメントをなす四者に応じて、大地を「救うこと Retten」、天空を「受け入れること Empfangen」、神的な者たちを「待ち望むこと Erwarten」、死すべき者たちに「連れ添うこと Geleiten」というふうに規定されたうえで、それらをまとめてこう言われる。

> 大地を救い、天空を受け入れ、神的な者たちを待ち望み、死すべき者たちに連れ添うというかたちで、住むことは、四方界を四重の仕方で労わる出来事としておのずと本有化されます er-eignet sich。労わるとは、四方界を保護してその本質を発揮させる、ということなのです。[22]

住むことは、四方界としての世界への関わりだが、その多様な関わり合いは、労わるというあり方において統一的に締めくくられる。こうした叙述に接して、ふと気づくことがある。そう、これは『存在と時間』の「世界内存在」の考え方とウリ二つなのである。「労わり」は、『存在と時間』における「気遣い Sorge」に相当する。気遣いに「道具への配慮（的気遣い）」、「他者への顧慮（的気遣い）」、「自己（自身）への気遣い」の三種類があったように、労わることには、四方界をなす四者に応じて、「大地を救うこと」、「天空を受け入れること」、「神的な者たちを待ち望むこと」、「死すべき者たちに連れ添うこと」のつごう四種類がある。そう考えると、「死すべき者としてこの地上に住むこと」をテーマとする一九五一年の「建築」講演は、一九二七年の主著で「世界内存在」を「死への存在」として尖鋭化させた現存在分析論の再続行だったことになる。いや、それだけではない。『存在と時間』では、「現存在」と呼ばれるわれわれ一人一人が自分自身の世界内存在に関して自問していくという筋立てであった。その現存在分析論から取り出されたのが「気遣い」という存在構造であり、その構造全体を可能にしているのが現存在の「時間性」だと、暫定的にせよ結論づけられた。それが存在と時間をめぐる現存在の物語であったとすれば、目下の建築論では――「物」講演もそうだが――物と世界をめぐって物語が紡ぎ出される。ここでの主役はあくまで「物」、つまり現存在ならざる存在者である。

物たちのもとでの滞在

ハイデガーは、四方界を「労わる」という仕方で「住む」ことを成し遂げるためには、四方界の多様な本質を大切に匿《かくま》い、安全にしまっておく何らかの場所が必要だとし、こう述べる。

住むことが、大地の上、天空の下、神的な者たちの見ているところに、死すべき者たちとともに滞在する、ということだけだったとしたら、死すべき者たちにそういうことはとても成し遂げられないでしょう。住むとは、むしろつねにすでに、物たちのもとでの滞在なのです。労わることとしての住むことが、四方界を安全にしまっておく場所とは、死すべき者たちが滞在しているところ、つまり物たちという場所にほかならないのです。*23

住むとは、物たちのもとでの滞在である。——建てることを住むことへと送り返し、ひいては世界を労わることへと翻して考える講演の折り返し地点で打ち出される主要テーゼが、これである。宇宙大の四方界にまで大風呂敷を広げる哲学的居住論は、遠大であるかに見えて、つまるところ、卑近な物への関わりに回帰する。「物」講演では、四者からなる広大な世界を「やどり続けさせる verweilen」のが、物だとされていた。この建築論の中心テーマは、「物たちのもとでの滞在 Aufenthalt bei den Dingen」である。

なるほど、『存在と時間』でも、世界内部的に出会われる存在者の「もとでの存在 Sein-bei」が、気遣いの構造契機に組み入れられていた。その場合の相関者は、さしあたり、「手許的存在者 Zuhandenes」と術語化される「道具」であった。たとえば、手許にある手頃なハンマーという道具でもって、クギを打つというふるまいがなされる。それによって住宅の窓枠を補強して、台風の襲来に備え、家族が安心して住めるよう取り計らうといった、身の周りの道具との日常的交渉——「配慮 Besorgen」——のあり方が記述されたのである。そこから、「何々のため」という目的–手段の連関を有意義化する「世界」という現象が見てとられたことからすれば、後期ハイデガーによって仕立てられた「物と世界」の筋書きも、それと大同小異に見えるかもしれない。

しかし、決定的に違うところがある。『存在と時間』では、「もとでの存在」は「頽落」と同一視された。つまり、道具との交渉をこなす日常性に埋没して、自己喪失している「非本来的」なあり方だと見なされた。そこから身を翻し、自分自身の死の可能性に向かって先駆しつつ、良心の呼び声に耳を傾け、自分に最も固有な実存可能性を、決意しつつ選びとって、そのつどの状況へ身を投じて行為する。そのような本来性奪還の物語に収斂してゆくのが、現存在の実存論的分析論であった。その場合でも、「もとでの存在」が消失することは断じてないが、とはいえその側面は、本来的現存在にとって、世界内存在であるからには脱することのできない、いわば存在論的しがらみのごときものであった。

ところが、後期ハイデガーの「物と世界」論においては、むしろ、「物たち」――「死すべき者たち」と同じく、複数形である点に注意しよう――は、本来性への道にまとわりつく足枷《かせ》のようなものであるどころか、四方界が本質を発揮する――「本来性 Eigentlichkeit」ならぬ「本有化の出来事 Ereignis」の――ために、まさにその本質を匿う場所とされるのである。ここで主人公に躍り出てくるのは、現存在ではなく、物たちなのである。もっと言えば、「もとでの存在」の本来形が、はじめて問題にされるわけである。

じつは、この本来的な「もとでの存在」をどう考えるかは、『存在と時間』においても、課題として残されていた。たとえば、「状況に属する手許的存在者のもとでの決意した存在 das *entschlossene* *Sein bei* dem Zuhandenen der Situation」[*24]という注目すべき言い方が見られるが、そうした本来的な「配慮」がいかなるものかについて、それ以上ハイデガーは語っていない。*25 そのような本来性探求の未完のテーマが、位置価を変えて後期の「物と世界」論に再浮上したと考えられるのである。だとすれば、四方界への「労わり」は、やはり、『存在と時間』における「気遣い」の発展形だと見てさしつかえないだろう。

自然的なものと人工的なものとの絡み合い

「建てること、住むこと、考えること」のテクストに戻ろう。第一節の最終段落でハイデガーは、物たちのもとでの滞在とは、四重の労わることに付け加わる五番目のものにすぎないのではなく、むしろ「四方界における四重の仕方での滞在がそのつど統一的に成し遂げられる、唯一のあり方」にほかならないとして、こう述べる。

> 住むことが四方界を労わるのは、四方界の本質を物たちへ運び入れることにおいてです。しかし、物たち自身が四方界を匿うのは、みずからが物としてその本質のうちに委ねられているそのときのみです。このことはどのように起こるのでしょうか。死すべき者たちが、成育する物たちの世話をし、面倒をみることによってであり、生育することのない物たちを、ことさら打ち建てることによってです。*26

死すべき者たちが四方界を労わるとは、物たちが四方界を匿うようにと労わることであり、その

「労わり」の中心にあるのは、物みずからが物としてその本質を発揮する――「物」講演の言い方で言えば「物が物化する」――という出来事である。ここでの主役は、あくまで物なのである。

死すべき者たちがこの地上に住みつつ、物を労わるあり方には、畑を耕して作物を育てることと、人工物を造って街を築くこととという、二通りのバウエンがある、という。ひとくちに「大地に住む」と言っても、耕して育てることと、造って築くこととの両者から成り立つ。自然的所与と人工的産物とが絡み合い、地方的なものと都市的なものとが交差するところ、そこに人間は住むのである。

ドイツの田舎暮らしをこよなく愛したハイデガーは、しばしば自然環境保護思想家に祭り上げられてきた。だが、ハイデガー哲学は「自然に還れ」派では決してない。等根源性の原理に立脚する四方界の思想家は、むしろ、自然的なものと人為的なものとが、しのぎを削りつつお互い本質を発揮して呼び求め合い、共存繁栄するさまを、「本有化の出来事 Ereignis」として描く。ハイデガーが「エアアイグニス」と呼んでいるのは、なにも革命的大事件とは限らない。四方界と物とがそれぞれの持ち分を発揮して遣り合いを演ずるさま、それがそのまま「本有化の出来事」だと言ってよい。片田舎にも大都会にも、そのような出会いの場はいつでもどこでも開かれている。

四者からなる四方界が、物たちにおいて集い合い、張り合いを演ずる「共和」の思想。これを、折衷・妥協を事とする陳腐な独断的思想として一笑に付す者もあろう。しかし、原理の複数性を容認する多元的思考が、一元的なものへの無差別的還元を推し進める地球規模の画一化に対抗する拠点たりうることも忘れてはならないだろう。

3 橋という建物

建てられた物

さて、「建築」講演の第二節に進もう。ここでは、「建てる《バウエン》とは、住むことの本質から考えて、本来何であるか」という問いが、世話をし、面倒をみるという農耕の意味ではなく、建築つまり「物を打ち建てるという意味でのバウエンに限定して」[*27]尋ねられてゆく。ようやくここに本来の「建物」論が始まる。

ただし、講演冒頭にあったように、「住むこと」の広がりに応じて、「建てられた物」も、非住宅建築を含む広義に解されており、ここで範例として持ち出されるのは、「橋」である。川に懸けられた何の変哲もない橋。その見慣れた建造物が、紛れもなき一個の「物」として、四方界をやどり続けさせる。瓶という容れ物の例示と同じく、橋という建物に「大地」と「天空」、そしてその絡み合いが取り集められていることへの着目から、橋の現象学は着手される。自然物と人工物とが交差し合いながら全体として都市景観を調和的に形づくるさまが、まず「大地」と「天空」との対比において記述されてゆく。

橋と大地、そして天空

どこの町の何橋でもよいのだが、たとえば、仙台市内を流れる広瀬川に懸かった「大橋」を思い浮かべつつ、ハイデガーの即物的描写を読み味わってみよう。

その橋は、川の流れの上に「軽やかに力強く」差し掛けられています。橋は、既存の両岸を結びつけますが、そればかりではありません。橋が懸かることで、両岸は、はじめて両岸として現われ出るのです。橋は、両岸をことさら相対《あい》峙させます。向こうの岸は、橋によって、こちらの岸に対してくっきり浮かび上がるのです。両岸は、陸地の無差別な境界線として川の流れに沿って続いている、というのでもありません。橋は、両岸と一緒になって、それぞれの背後に広がる岸辺の風景を、川の流れに結びつけます。橋は、川と岸と陸を、おたがい隣合わせの間柄にします。橋は、川のほとりの岸辺の風景としての大地を取り集めるのです。そのようにして橋は、川の流れを、緑なす水辺に沿って、川の流れに連れ添うのです。[*28]

ここまでが、まずは、「大地」に関連しての橋の記述である。

橋は、ふつう交通手段と見なされる。たとえば仙台の「大橋」は、青葉城のある川内地区と仙台駅までの市街とをつなぎ、広瀬川を渡して人や車を行き来させる通路である。川がまずあり、両岸があり、そこに差し掛けられて付加されたのが、橋だというわけである。だが、本当にそうだろうか。むしろ大橋は、まさに「両岸と一緒になって、それぞれの背後に広がる岸辺の風景を、川の流れに結びつけ」、「川のほとりの岸辺の風景としての大地を取り集める」。現にある風景を、あるがままの「岸辺の風景」として、つまりそのような「大地」として現にあらしめているのが、人工物としての橋なのである。

ここに言う「大地 Erde」を、人工的なものを排除した「天然」の「大自然」とのみ解するのは、むしろ偏狭な環境思想と言うべきだろう。死すべき者たちが住みつつ大地を「労わる」ことを、ハイデガーは「救う《レッテン》」という言葉であえて表現していた。しかもそれは、「危機から脱出させる」というより、「解放し、それに固有な本質を自由に発揮させる、という意味」であった。*29 広瀬川の川べりを、子どもたちがのどかに遊べる川べりとしてあるがままにあらしめることに、大橋はたしかに一役買っている。そういった何気ない「岸辺の風景としての大地」を、物は和合させるのである。

今引用した箇所のあと、段落を変えずに、「天空」に関する即物的記述が続く。

> 橋脚は、川床《かわどこ》にどっしり据えられて、アーチの曲線を担い、川の水流を進むに任せます。水流が、静かに淀みなく流れ続けようとも、雷雨や雪解けで増水して天に逆巻《さかま》く激流となって橋脚に打ちつけようとも、橋は、天候とその移り気な本性に対して備えができているのです。橋が川面《かわも》を覆っている場合でも、橋が川の流れを天空に配することに変わりはありません。橋は、川の流れをしばし受け止めて、アーチの門にいったん溜めては、そこからふたたび解き放つからです。*30

川床に築かれた橋脚は、「川の水流を進むに任せ」、「川の流れを天空に配する」という仕方で、晴れの日も雨の日も「天空 Himmel」をあるがままに現われさせる。瓶という容れ物に注がれた水やワインに、「天空と大地の婚礼」が見てとられたように、「天候 **die Wetter des Himmels** とその移り気な本性」のおかげで「増水して天 **Himmel** に逆巻く激流となった」川の流れに辛抱づよく立つ橋にも、天空と大地の遣り合いが映し出されている。

死すべき者たちが天空を「労わる」ことを、ハイデガーは「受け入れる《エンプファンゲン》」という言葉で表現していた。これは、太陽や月や星の運行、昼夜の交替や四季おりおりの変化を、あるがままに「任せる **lassen**」ことである。*31 任せて何もしないということが、「受け入れる」ということなのである。晴れた日には広瀬川の水底まで透明に見えさせ、大雨の日には水嵩を増した濁流に耐えてたたずむ大橋には、天候に左右され、時には翻弄されつつ、天の恵みを享受して生きる人びとの地上の暮らしが、映し出されている。

橋と死すべき者たち、そして神的な者たち

続いて、橋という物を介して「死すべき者たち」と「神的な者たち」が通い合うさまが、こう語られる。手始めに、交通路としての橋の機能から。

橋は、川の流れを進むに任せると同時に、死すべき者たちに行く道を与えてやり、彼らが陸地をあちこち行き来できるようにします。橋が連れ添う仕方は、さまざまです。都会の橋は、宮殿地区から聖堂広場へ通じていますし、田舎町の川に懸かった橋は、荷車や馬車を周辺の村々に運び入れます。小川にひっそりと懸かった古い石橋は、収穫物を運ぶ車を畑から村へ向かわ

せますし、木材運搬車を野の道から街道へ運んでいきます。高速道路の橋は、最速の遠距離交通整備計画の道路網に組み入れられて、張り渡されます。橋は、たどたどしかったりせわしなかったりする人間の道行きを、つねに、それぞれの仕方で、あちこち連れ添っては、向こう岸に渡らせます。そしてついには、死すべき者たちは、彼岸へと渡ってゆくのです。*32

橋は、都会の橋であれ田舎の橋であれ、小川の古い石橋であれ高速道路の巨大橋梁であれ、大地を行き交う人びとがおたがい「連れ添う」仕方を規定している。それればかりではない。「死すべき者たち die Sterblichen」が、死を超えて、はるか天空の彼方へと向かってゆく道行きが、橋という建物にはこめられているのである。

橋は、アーチには高いものも低いものもありますが、河川や峡谷を、跨ぎ越えてゆきます。死すべき者たちが、橋の道という跨ぎ越えるもののことを、気に留めようと、忘れようと、そうなのです。つまり、死すべき者たちは、つねにすでに、最後の橋へ向かう途上にありつつ、平凡なことや災いを乗り越えて、神的な者たちによって救われることを、心底熱望しているのですが、そのことを気に留めようと、忘れようと、変わりないのです。橋は、跨ぎ越えて移り行きながら、神的な者たちの見ているところに、集めるのです。その場合、神的な者たちが現前的にあり続けることが、ことさら熟考され、たとえば橋の上の聖人像のように、目に見える形で感謝を捧げられることもあるでしょうし、その現前のありさまが立て塞がれたまま、それどころか押しのけられたまま、ということもあるでしょう。*33

たんなる交通手段にとどまらない「通い路《じ》」としての橋。かつて「仙台橋」と呼ばれ、青葉城の大手門に通じ、城塞の一部をなしていた橋は、当時、武士のみが通ることを許された。キリシタン迫害時代には、ポルトガル人神父と日本人信者たちが橋の下の冬の河原で責め苦を受け、殉教したという歴史もある。一九三八（昭和一三）年に懸けられたコンクリート建築の現在の大橋は、陸軍第二師団の一大要塞であった川内地区への晴れがましい玄関口として、優美かつ堅固に築かれた。国宝に指定された大手門を含む一帯が、戦災で灰燼に帰したときにも、大橋は残った。アメリカ軍の幾度もの空爆により、軍都の武官が焼け出されたのみならず、多くの一般市民が殺され、一面荒野と化した仙台市街。その戦前の名残を今にとどめる、多くはない歴史的建造物の一つが、大橋なのである。

ハイデガーの説明には、「橋の上の聖人像」という例が出てくる。「死すべき者たち」と対比される「神的な者たち die Göttlichen」とは、べつに一神教の神やその使者たる天使には限られない。故人や先祖のさまざまな言い伝えが、死すべき者たちのいのちを超えて語り継がれるとき、彼らも立派に「神々しい者たち」となる。神や仏は、なにも神社仏閣に鎮座しているだけではない。そここの卑近な物たちに、「神のような者たち」は、宿り場を見出すのである。

場所と空間

橋は、そのように物として四方界を取り集める。「物」講演で取り上げられていた瓶の場合、「空洞」という無に、そのような取り集めるはたらきが帰されていた。注ぎ入れられるものを受けとめて保つという仕方で納め、かつ注ぎ出すという「捧げることの全体」が、空無のうちに見てとられた。目下問題となっている橋の場合では、四方界に「宿り場 Stätte」を「許容する verstatten」ことが、橋の物たるゆえんである。しかも、そのことが可能なのは、橋がそれ自体「場所 Ort」であるからだ、とハイデガーは言う。

なるほど橋は、固有の種類の物です。というのも橋は、四方界に宿り場を許容するという、まさにそのような仕方で四方界を取り集めるからです。ところで、宿り場を空け渡す einräumen ことができるのは、それ自身一個の場所 Ort であるようなものだけです。場所は、橋に先立ってすでに客体的に存在しているのではありません。たしかに、橋が立つ以前に、川の流れ沿いに、何かによって占められうる多くの位置 Stellen が存在します。それらの位置の一つが場所として生じるのであり、しかもそれは、橋によってなのです。ですから、橋は、ある場所にはじめて立つに至るのではなく、橋自身のほうから、はじめて場所は成立するのです。[*34]

物としての橋は、それに先立って存在している場所に、建て加えられるのではない。そうではなく、橋によって「場所 Ort」がはじめて成立するのである。そういう場所としての橋が、四方界に「宿り場 Stätte」を許容し、そこからさまざま「広場 Plätze」や「道 Wege」が規定され、ひいては「空間 Raum」が空け渡されるのだ、という。

ここに、ハイデガーの空間論が展開される。この講演が行われたシンポジウムのテーマは「人間と空間」であり、講演者がその求めに応ずるという面もあったろう。思えば『存在と時間』にも空間論はあった。それと似た理論化以前の生きられた空間が再度記述されているように見えなくもない。ただし、ここにも力点の違いがはっきりと認められる。

『存在と時間』では、空間は「現存在の空間性」に基づくとされた。「空間を与えること Raum-geben」は「空け渡すこと einräumen」とも言い換えられたが、[35] そのはたらきは、そのつどの道具連関のほうから手許的存在者を出会わせる現存在自身に帰せられていた。ところが、この「建築」講演においては、空け渡す主体は、場所としての橋そのものなのである。現存在が、手許的存在者をその空間性へ向けて解放し「空け渡す」のではなく、橋が、四方界に宿り場を許容し「空け渡す」のだという。現存在本位であった『存在と時間』に対して、ここでも明らかに、物に重点が移動している。

「場所」は、橋という物と込みではじめて成立する。これに対して「位置」とは、複数形の「たんなる位置 bloße Stellen」の一つ、つまり無差別的な任意の点のごときものである。二つの位置の間を測って「距離」が同定できるような特有の空間のことを、ハイデガーは「スタディオン *stadion*」というギリシア語、ひいては「スパティウム spatium」というラテン語で呼ぶ。その測定可能な「間の空間 Zwischenraum」[36] が、「たんなる張り渡された広がり」へとさらに抽象化されるとき、「エクステンシオ extensio」というラテン語で言い表わされる、純然たる延長の観念が生ずる。そして、それが「解析的－代数的な関係」にまで抽象化を施されてようやく生ずるのが、「空間「そのもの」」という純粋数学的な多様体概念なのだという。ところが、この「空間「そのもの」」に、場所は、つまり橋という種類の物は、決して見出せない」[*37]。

位置→距離→延長→純粋空間という無差別化的操作によって、物としての物は雲散霧消させられてしまう。この理論化プロセスを、「物」講演の言葉遣いで言い直せば、物は「物としては虚無化される」となる。もちろん、そうした抽象化によって純粋数学的な探究可能性が拓かれることは否定すべくもなく、しかも、それによって実地転用可能性が開発されるのである。だがそうはいっても、そうした理論化操作は、物としての物の次元——空洞としての瓶や、場所としての橋という即物的場面——を捨象してしまうのである。

われわれは橋のたもとにいる

「私たちが日常的に通り抜ける空間は、場所によって空け渡されています」[*38]。ハイデガーはこう述べて、空間の測定可能性に先立って場所としての物が第一次的に与えられているさまを明らかにしていく。「たとえ、私たちがそれに関わって態度をとっている物が、手に届く近さにないとしても、私たちは物それ自身のもとに滞在しています」[*39]。たとえば、仙台の広瀬川に懸かる大橋を、少し離れた大学キャンパスの講義室で思い浮かべるとき、われわれはすでに当の橋のたもとにいるのだ、ということになる。

ここで引き合いに出されるのが、「ハイデルベルクの古い橋」[*40]である。一八世紀の選帝侯カール・テオドールの名を冠し、ハイデルベルク古城への入口をなす、優美な石橋。ネッカー川に懸かる景観全体がドイツ有数の観光名所として知られるこの伝統建築も、第二次世界大戦末期、連合軍の侵攻を防ごうとするドイツ軍によって爆破され、戦後に再建された。ヘッセン州南部のダルムシュタットから、隣接するバーデン＝ヴュルテンベルク州北部のハイデルベルクまでは、それほど遠くないとはいえ、講演者ハイデガーは聴衆に、われわれはハイデルベルクの橋を思い浮かべるとき、いち早くその橋のもとに滞在しているのだとして、こう語りかける。

> 私たちが今――私たち全員が――ここに居ながらにして、ハイデルベルクの古い橋のことに思いを致すとき、かの場所に思いを馳せることは、ここに居合わせている人たちのたんなる体験などではありません。むしろ、いま名前の挙がった橋に思いを致すことがそれ自体で、その橋の場所までの遠さを跨ぎ越しているのだということが、この思いを致すことの本質には属するのです。私たちはここに居ながらにして、かの橋のもとにいるのであり、べつに意識の中の表象内容のもとにいるのではありません。それどころか、私たちはここに居ながらにして、川を渡るためのどうでもよい通路としてその橋を日常的に利用している人よりも、その橋、ならびにその橋が空け渡している当のもののずっと近くにいる、ということすらありうるのです。[*41]

間の空間を「通り抜ける durchgehen」ことに先立って、われわれはつねにすでに、場所としての物のもとに滞在しているのであり、その意味では、場所までの遠さを「跨ぎ越している durchstehen」。客観的に測定可能な距離とは異なる、遠さと近さの両立。そのような「物たちのもとでの滞在」は、主観的意識体験などではなく、われわれがこの地上に住むあり方そのものに属する。同じことは、臨場感あふれる仕方で、こうも例解される。

私がこのホールの出口のほうに行くとき、私はすでにそこにいるのです。私がそこにいるというふうにして存在しているのでなかったら、私はそこへ行くことすらできないでしょう。私は、たんにここに、カプセルに閉じ込められたこの身体として存在するのでは決してありません。そうではなく、私はそこにいるのであり、つまり空間をすでに跨ぎ越しているのであり、そのようにしてのみ空間を通り抜けることができるのです。*42

『存在と時間』で、現存在の世界内存在に「もとでの存在」が属することが現象学的に記述されたときにも、志向的態度ふるまいの世界開放性は確認されていた。それと別の事柄が、ここに述べられているわけではない。「物たちのもとでの四方界における滞在 Aufenthalt im Geviert bei den Dingen」*43とは、「世界内部的に出会われる存在者のもとでの存在として、世界の内にすでに存在していること」から出発した現存在分析論の基本設定を、「物と四方界」の思想の言葉で言い換えたものだと解せるのである。

4 黒い森にたたずむ農家、そして……

古民家にみなぎる天・地・神・人

ハイデガーはこの講演の締めくくり近くで、「黒い森《シュヴァルツヴァルト》」――フライブルク郊外に鬱蒼と広がる山岳地帯がそう呼ばれる――の農家の古い屋敷を、物の例としておもむろに持ち出す。「しばしの間、シュヴァルツヴァルトの一軒の家屋敷に思いを致してみましょう*44」。その優れて現象学的な記述は、「物と四方界」の思想の総まとめであるとともに、「存在と時間」プロジェクトの行き着いた先がどのようなものであったかへの目配せを与えるものともなっている。

その屋敷は、二百年も前に、農民の住むことによって建てられたものです。大地と天空、神的な者たちと死すべき者たちを織り合わせて単一に、物へと放ち入れる力能のたゆみなき一途《いちず》さが、ここに家を築いたのです。その農家は、風をよけられる南向きの山腹、草地の間、泉の近くにあります。こけら葺《ぶ》きの屋根が、広々と張り出して、ほどよい傾斜で雪の重みに耐え、深々と下方まで伸びて、長い冬の夜の吹雪から部屋を護ります。家族全員の食卓の後ろには、十字架像を安置した一角が忘れずに設《しつら》えられています。産褥《さんじょく》と、死者の木――この地方では棺《ひつぎ》のことをそう呼びます――のために聖別された広間が、空け渡されて部屋をなしていて、一つ屋根の下に、さまざまな年代の住人が歳月を過ごしてきたことが刻印されています。それ自身住むことから発した手仕事が、さまざまな道具や足場をやはり物として用いて、その屋敷を建てたのです[*45]。

橋と違って、これはまさに住宅建築の例である。古民家再生は昨今わが国でも流行っているが、山あいに昔から立っている何気ないお家《うち》に、われわれが「ぬくもり」や「なつかしさ」を感じるとすれば、その愛着はどこから来るのだろうか。この問いに対してハイデガーは、「四方界を労わる」という意味での「住むことの本質」がそうした建物には宿っているからだ、と答えているわけである。

建物という物を打ち建てる「制作《ポイエーシス》」に発揮される「技術《テクネー》」。それは、自然に対する反逆ではなく、かといって自然への回帰でもない。「大自然そのもの vs 精巧な人工物」という図式は、ここでは意味をなさない。住まいとしての建物には、自然と技術の絡み合いの相を示しつつ、死すべき者たちがこの地上に住むことが、出来事としておのずと本有化されている。建てるとは住むことだ、というかのテーゼがここで効いてくる。ハイデガーがシュヴァルツヴァルトの屋敷の例から引き出してくるいっそう踏み込んだテーゼは、こうである。「私たちは、住むことを能くするときにのみ、建てることができるのです[*46]」。

その屋敷は、山地の厳しい天候に持ちこたえ、自然を豊かな恵みに転ずる技術によって巧みに建てられ、長い年月、住まわれている。死すべき者たちにして生まれ出ずる者たちである住人は、幾世代にもわたってその家に住み続けてきた。彼らは歴代、信仰を絶やさず、家の中に設えられた聖なる一角に祈りを捧げてきた。そのたゆみなさは、彼らが祖先とともにあり、子孫とともにあることに裏打ちされている。
今現在に限られない既在と将来の広がりを時熟させて、物は物化する。根源的時間性と歴史的時間、自然的時間が絡み合いを演ずる場所、それが勝義の「建物」なのである。

身近な建物に宿る歴史的世界

ハイデガーの建築論には「存在と時間」ならびに「物と世界」の思想が凝縮している。その思想は、われわれがそのもとに滞在している種々の物たちに即しても立証されうる。

身近な建物で考えてみよう。たとえば、仙台市を流れる広瀬川に懸かる橋の一つ、牛越《うしごえ》橋近くに、一軒の古い小屋が立っている。三居沢《さんきょざわ》発電所である。広瀬川の河流を利用し、導水路を青葉山に通して、溜めた水を急傾斜に落とす落差によって発電する巧みな仕掛けである。紡績会社が導入した水力発電の発祥の年は、一八八八年と日本最古であり、一九一〇年に建造された発電所の装置は、現在も稼働している。百年以上昔から仙台の街に灯りを点してきた歴史的建造物は、今も無人で電気を産み出し続けている。愛嬌ある切妻屋根の発電所建屋（登録有形文化財）の板張りの中で黙々と回るタービンには、近代日本の文明開化、殖産興業の歴史がひっそりと息づいている。

ハイデガーは、次章で扱う講演「技術とは何だろうか」の中で、ライン川の流れを立て塞ぐように建てられた「水力発電所」が、「岸と岸とをつないできた昔ながらの木造の橋とは異なっている」[*47]とする。だが、三居沢発電所は、隣にある三居沢不動尊の境内に落ちる「お滝」と呼応するかのように、地から湧いた天からの水を集めて川に戻しては、人びとの暮らしを永年護っている。[*48]天空と大地、神的な者たちと死すべき者たちが、ここにも取り集められていると言っても、少しも大袈裟でない。

もう一つ、近代の産業建築物の身近な例を挙げよう。広瀬川の上流へと作並街道を上っていくと、温泉郷の手前の青葉区郊外に、ニッカのウイスキー工場が建っている。宮城峡蒸留所である。創業者の肝いりで一九六九年に完成した、ウイスキー会社の第二工場だが、新川《にっかわ》と広瀬川の合流地点の広い敷地に、ゆったりと並び立つ赤レンガの瀟洒な建物群は、もはや市内有数の観光名所である。瓶に注がれるワインと同じく、ウイスキーの樽にも「天地の婚礼」が宿っているかのようである。創業者とそれを受け継ぐ職人たちのスピリットが、長い歳月をかけて造られる蒸留酒の芳香に感じられる。

このように、伝統建築のみならず、近代建築にも、創建時の人びとの意気がこもり、以来、風雪に耐えて街並みを形づくり、市民とともに歩んできた歴史が刻まれている。その一つ一つのたたずまいに、自然と人為の配合があり、昔と今の交感がある。ハイデガーが「四方界」という言葉で語る、物における世界の凝集は、われわれが少しでも思いを凝らせば、街のどの通り、どの界隈にも、宿り場を見出していることが分かる。「住むことを学ぶ」とは、べつに難しい専門学習を意味するのではなく、われわれの日々の暮らしの奥行きをなす歴史的、自然的世界に思いを馳せることから始まるのである。

住むことの真の困窮

しかしその一方で、住むことを学ぶレッスンは今日、厳しい試練に晒されている。

仙台市では、市庁舎（一九六五年竣工）はすでに解体が決まり、定禅寺通りに同年代に建てられた宮城県民会館（一九六四年竣工）――二〇〇八年に「東京エレクトロンホール宮城」と売名された――も、改築計画が進んでいる。[*49] それどころか、川内地区の誇る一九八一年竣工の宮城県美術館（前川國男設計事務所設計）すら「古くなった」という声が上がり、建て替えが取り沙汰されている。この調子では近々、せんだいメディアテーク（二〇〇〇年竣工）にも解体話が出てきておかしくない。住むことではなく、壊すことが建てることのセットであるかのごとく。

仙台の街を愛する人びとにとって無念の極みは、東北大学農学部雨宮キャンパスの消滅である。旧制二高の歴史を宿し、市民の憩いの公園の趣だった広大な敷地は、農学部移転により、そっくり売却され、大型ショッピングモールとマンション群に建て替えられつつある。歴代学生の学んだ校舎も、のどかな実験用農地も、鬱蒼たる樹木も一掃されてしまった。大学経営上の判断により国有財産が失われ、戦災でも震災でもなく売却益確保のために、街の記憶が根こそぎむしり取られたのである。

もちろん、これは仙台市だけの話ではない。わが国の至るところで、建てることと住むことが危機に瀕している。「住むことの真の困窮」[*50] が、都市再開発やキャンパス再開発の名のもとに、全国を覆っている。いよいよ加速する現代建築―解体事情を見つめるうえで、ハイデガーの建築―居住論に学ぶところは大きいのである。

そしてわれわれは、今日の危機の正体を見定めるためにも、ハイデガーのテクノロジー論の中心テクスト「技術とは何だろうか」の読解へと、歩を進めなければならない。

＊1　オルテガのこの講演「技術の彼岸にある人間の神話」には、邦訳がある。伊藤哲夫、水田一征・編訳、『哲学者の語る建築――ハイデガー、オルテガ、ペゲラー、アドルノ』、中央公論美術出版、二〇〇八年、所収。

＊2　『哲学者の語る建築』の「解説」、二〇二ページ以下を参照。「当時ドイツ建築家協会会長で建築家バルトニング（Otto Bartning, 1883-1959）が、ハイデガーが講演を終えた直後、司会者として「この講演についてじっくり考えるには、ゆうに五日程度は必要かもしれない」と述べ、難解なところがある講演内容をじっくり考えたいとする一方、他方少なからず講演に感銘を受けたようだ」（同書「解説」、二〇四ページ）。なお、ハイデガーはこの機会に知り合ったオルテガについて、その「騎士道精神」を讃えるエッセイ「オルテガ・イ・ガセットとの出会い」（全集第一三巻所収）を書いている（GA13, 127-129）。

＊3　この講演は一九五四年刊の『講演と論文』に収録されたが、長らく邦訳がなかった。『広島工業大学紀要　研究編』第三九巻（二〇〇五年）掲載の水田一征「翻訳　建てること、住むこと、思惟すること」がおそらく初訳。二〇〇八年に、中村貴志・編訳、『ハイデッガーの建築論――建てる・住まう・考える』（中央公論美術出版）が出され、二〇〇九年には、『KAWADE道の手帖　ハイデガー　生誕一二〇年、危機の時代の思索者』（河出書房新社）に、大宮勘一郎訳の「建てる　住む　思考する」が収められた。なお、前掲『哲学者の語る建築』には、ハイデガーの建築論として、同じく『講演と論文』所収のヘルダーリン論「……「詩人のように人間は住む」……」が訳出されている。

＊4　VA, 139;『技術とは何だろうか』、六二ページ。強調は原文。

＊5　VA, 139;『技術とは何だろうか』、六二ページ。ここに何気なく列挙されている非住宅建築の種類で考えても、成田国際空港（長年にわたる反対運動）や関西国際空港（超巨大建設事業のツケ）、旧国立競技場（二〇一五年解体）、旧国立駅舎（二〇〇六年解体、ただし復元計画あり）や東京駅（二〇一二年復元工事完成）、中央高速自動車道笹子トンネル（二〇一二年崩落事故）、黒部ダム（一九六三年完成）や八ッ場《やんば》ダム（建設中）、築地市場（二〇一八年解体）と、現代日本の公共性の縮図のような建築物がすぐ思い浮かぶ。

＊6　VA, 140;『技術とは何だろうか』、六四ページ。

＊7　VA, 140;『技術とは何だろうか』、六五ページ。

＊8　VA, 141;『技術とは何だろうか』、六六ページ。

＊9　SZ, 54参照。

＊10　VA, 142;『技術とは何だろうか』、六八ページ。

＊11　VA, 142;『技術とは何だろうか』、六八ページ。

＊12　VA, 143;『技術とは何だろうか』、六九ページ。

＊13　VA, 143;『技術とは何だろうか』、七〇ページ。

＊14　VA, 143;『技術とは何だろうか』、七〇ページ。強調は原文。

*15 VA, 143;『技術とは何だろうか』、七〇ページ。
*16 VA, 144;『技術とは何だろうか』、七〇ページ。
*17 VA, 144;『技術とは何だろうか』、七一ページ。
*18 VA, 144;『技術とは何だろうか』、七一ページ。強調は原文。
*19 VA, 144;『技術とは何だろうか』、七一ページ。強調は原文。
*20 ハイデガーが「住むこと」の本質を「労わること」に見出す語源解釈を展開するうえで引き合いに出した「古ザクセン語」の「«wuon»」(VA, 143)の綴りは、全集版では「«wunon»」(GA7, 150)に、断りなく変えられている。この点の疑義については、池辺寧、「ハイデガーと住むことの問題——共に住む者としての人間」、『哲學』第六三集、広島大学哲学会編、二〇一一年、所収、が啓発的である。
*21 VA, 144;『技術とは何だろうか』、七一ページ。
*22 VA, 145;『技術とは何だろうか』、七三ページ。
*23 VA, 145;『技術とは何だろうか』、七三ページ。
*24 SZ, 326. 強調は引用者。
*25 ハイデガーはこの本来的な「もとでの存在」を、「環境世界的な現前的存在者を行為しつつ出会わせること」とも言い換え、それは「この存在者の現在化によって可能である」とする(SZ, 326. 強調は原文)。時間性における「現在」の契機を説明する文脈でのこの敷衍を見るかぎり、「制作《ポイエーシス》」モデルが支配的である。状況における行為は、「道具のもとでの存在」以上に「他者との共同存在」であるほかないのに、その「共同行為《プラクシス》」の本来形がなぜ語られないのか、との疑念は拭えない。つまり、「道具のもとでの他者との共同存在」の本来形を語る余地が『存在と時間』には見出せない、との疑義を差し挟まざるをえない。その欠落が、ハイデガーの政治的挫折を招来したと見なすこともできよう(序章参照)。だが、それとまた別に、もう一つの解釈可能性がひらけてくることに気づく。つまり、「数学的物理学の成立」(SZ, 362)に見てとれる「自然の数学的企投」(SZ, 363)を、「観照《テオーリア》」の根本的変革として捉える可能性である。「環境世界的な客体的存在者のもとでの客観化的存在」(SZ, 363)が、道具の「制作《ポイエーシス》」と緊密にドッキングすることによって、新しい「発見 Entdecken」の仕方が開発され、近代という時代を主導してきたことは、「もとでの存在」の発展形と解しうるのである。さらに、科学研究に携わることが共同事業である以上、そのような「真理内存在」(SZ, 363)の可能性は、他者との共同存在のかたちと言ってよい。新規の観測器具や実験装置の開発と一体となった近代自然科学の成立と発展それ自体が、「観照」にとどまらない「行為」をなすという歴史的事情は、本書第4章以降で取り上げる講演「技術とは何だろうか」で、現代技術に固有な「顕現 Entbergen」としての「挑発 Heraus-fordern」というテーマにつながるものであろう。
*26 VA, 145-146;『技術とは何だろうか』、七三―七四ページ。

強調は原文。
＊27 VA, 146;『技術とは何だろうか』、七四ページ。
＊28 VA, 146;『技術とは何だろうか』、七四－七五ページ。強調は原文。
＊29 VA, 144;『技術とは何だろうか』、七一－七二ページ。
＊30 VA, 146-147;『技術とは何だろうか』、七五ページ。
＊31 VA, 144;『技術とは何だろうか』、七二ページ。
＊32 VA, 147;『技術とは何だろうか』、七五－七六ページ。
＊33 VA, 147;『技術とは何だろうか』、七六ページ。強調は原文。
＊34 VA, 148;『技術とは何だろうか』、七八ページ。強調は原文。
＊35 SZ, 111.
＊36 VA, 150;『技術とは何だろうか』、八一ページ。具象的場所から抽象的延長への移行の媒介をなすこの「間の空間」は、『存在と時間』の時間論における根源的時間性から派生的今時間への媒介をなす「世界時間 Weltzeit」（SZ, 414）と位置価を等しくする。
＊37 前注で指摘した「間の空間」の位置価は、この引用箇所に続く次の一文によく表わされている。「これに対して、逆に、場所によって空け渡された空間のうちに、間の空間としての空間がつねに存し、この間の空間のうちに今度は、純粋な延長としての空間が存するということとなりあります」（VA, 150;『技術とは何だろうか』、八一ページ）。
＊38 VA, 151;『技術とは何だろうか』、八二ページ。
＊39 VA, 151;『技術とは何だろうか』、八三ページ。
＊40 VA, 151;『技術とは何だろうか』、八三ページ。
＊41 VA, 151;『技術とは何だろうか』、八三ページ。強調は原文。
＊42 VA, 152;『技術とは何だろうか』、八四ページ。
＊43 VA, 152;『技術とは何だろうか』、八二ページ。
＊44 VA, 155;『技術とは何だろうか』、八八－八九ページ。
＊45 VA, 155;『技術とは何だろうか』、八九ページ。
＊46 VA, 155;『技術とは何だろうか』、八八ページ。強調は原文。
＊47 VA, 19;『技術とは何だろうか』、一一四ページ。
＊48 その一方で、三居沢発電所に広瀬川の水を取られて三居沢不動尊の滝の水量が減ったとも言われ、天・地・神・人の遣り合いは一筋縄では行かない。もう一つ考えさせられるのは、三居沢発電所の設備一式が戦災を受けずに現存しているのは、アメリカ軍が占領後の電力利用を見越して爆撃しなかったからだという（逸見英夫、『水力発電は仙台から始まった　三居沢発電所物語』、創童舎、二〇〇〇年、「あとがき」、一一一ページ以下参照）。仙台の大橋もじつは同じ理由で残っているのかもしれないと考えると、複雑な気持ちになる。
＊49 第三代の現仙台市庁舎（一九六七年第八回ＢＣＳ賞受賞）も宮城県民会館も、山下寿郎設計事務所の設計による。山下寿郎は、日本初の高層ビルである霞が関ビル（一九六八年竣工）の設計で名高い。

＊50 VA, 156;『技術とは何だろうか』、九一ページ。

第4章

テクノロジーを哲学する

「技術とは何だろうか」講演（I）

本書のタイトルである『核時代のテクノロジー論』の
まさに中心となるべきテクストが、本章と次章で読み解いていく
1953年のミュンヘン講演「技術への問い」
――本書ではタイトルを「技術とは何だろうか」と訳す――である。
まず、技術における手段、目的、原因を、
ギリシア哲学まで遡りつつ考えていくことから哲学的テクノロジー論は始まる。
ハイデガー技術論の最重要語である「挑発」こそ、
現代技術の現代技術たるゆえんである。そこから、
「自然の挑発としての電化」というアクチュアルな議論に踏み込んでいく。

1「技術とは何だろうか」の舞台設定

後期ハイデガーの代表的テクスト

本章と次章では、ハイデガーのテクノロジー論として有名な、後期の代表的テクストの一つ「技術とは何だろうか」——「技術への問い」とも訳される——の読解に挑むことにしよう。

このテクストは、一九五三年一一月一八日、ミュンヘン工科大学の大講堂で行なわれた講演にもとづく。バイエルン芸術アカデミー主催の連続講座「技術時代の芸術」の枠であった。他にも講演者としてハイゼンベルクらが登壇した。おりしも、アイゼンハワー米国大統領が国連総会演説で「原子力の平和利用」路線を打ち出した頃であった。

以上の舞台設定から、われわれは早くも、いくつかのことに思い至る。

ブレーメン講演との異同

第一に、本書第2章で扱った「物」講演で始まるブレーメン講演との関係が気になる。

ハイデガーがブレーメンで連続講演を行なったのは、一九四九年一二月一日。「技術」講演は、それから四年後である。その間、一九五〇年六月には、同じバイエルン芸術アカデミーで、ハイデガーは「物」講演だけ、単発で繰り返している。そこからも窺える通り、「技術とは何だろうか」は、ブレーメン講演と深いつながりがある。ただし、この二つの講演テクストの「因縁」に関しては、少しく注意を要する〔第2章47ページの図2を参照〕。「技術とは何だろうか」と、ブレーメン講演の第四講演「転回」の二つのテクストは、一九六二年、『技術と転回』と題する薄い一冊として刊行された。この書誌的事実は、両テクストのつながりの深さを裏書きしている。そのまえがきでハイデガーはこう記す。

〔ブレーメン講演の〕第二講演〔「総かり立て体制」〕は、一九五五年一一月一八日、バイエルン芸術アカデミー主催の連続講座「技術時代の芸術」で、「技術とは何だろうか」というタイトルのもと、同じく改稿のうえ講じられた。*1

「一九五五年」という記載は「一九五三年」の単純な誤記であるが、それだけでなく、この記述には不正確なところがある。つまり、これだけ読むと、あたかもブレーメン第二講演「総かり立て体制」とミュンヘン講演「技術とは何だろうか」は、「改稿」程度の違いがあるだけで、ほぼ同じ内容のテクストだと思ってしまう。だがそれは事実に反する。

同じ『技術と転回』まえがきで、「物」講演に関しても、ブレーメン講演版とミュンヘンで講演した版の違いが、「改稿のうえ in erweiterter Fassung」と表現されている。それに続けて、「総かり立て体制」を「同じく改稿のうえ」で「技術とは何だろうか」が成立したと説明されているわけである。しかし、それとこれとではレベルが違う。「物」講演の場合、若干の加筆が見られるだけだが、*2「技術とは何だろうか」のほうは、たんなる加筆にとどまるものではない。この一九五三年ミュンヘン講演は、一九四九年ブレーメン講演——しかも、第二講演「総かり立て体制」だけでなく、第三講演「危機」と第四講演「転回」を含む——を踏まえつつも、まったく新たに書き起こされたと言ってよい独自のテクストなのである。

ここに、一つの課題が生ずる。「技術とは何だろうか」を、ブレーメン講演と照らし合わせて読んでみる、という作業課題である。これが、一見そう見える些細な専門的注釈作業にとどまるものではないことは、徐々に判然となってくるであろう。

物理学者と哲学者との張り合い

第二に、ミュンヘンでの連続講座には、他の錚々たるメンバーに加えて、物理学者ウェルナー・ハイゼンベルクがいた。

第2章で見たように、『野の道での会話』でハイデガーは、理論物理学者とおぼしき「科学者」を対話者の一人に登場させた。「賢者」は「核分裂装置」に言及していた。原子爆弾を開発、製造した同時代の物理学の動向にハイデガーが多大な関心を抱いていたことは、「物」講演にも窺える。その核物理学の方面で「不確定性原理」を提唱したハイゼンベルク（一九〇一―一九七六年）は、二〇世紀前半の量子力学の成立に与《あずか》って力のあったリーダーの一人であった。若きハイゼンベルクの高名な論文「量子論的な運動学および力学の直観的内容について」[*3]は、『存在と時間』の出版された一九二七年に発表されている。

ハイゼンベルクは、ハイデガーの「技術」講演と同じ日、それに先立って、「現代物理学の自然像」

と題する講演を行なった。[*4] その内容に、「技術」講演の現行テクストは言及している。おそらくその箇所は講演時の原稿そのままではないだろうが、ハイデガーがハイゼンベルクを強く意識して講演原稿を準備していたことは、想像に難くない。[*5] オルテガと張り合った一九五一年の講演とはまた別の、知の巨人たちの接近遭遇がそこにはあった。

「技術とは何だろうか」を読んでいくと、そこに、著名な物理学者と張り合おうとする哲学者の野心が浮かび上がってくることを、あらかじめ念頭に置いておきたい。

原子力時代元年

もう一点。ハイデガー技術論の特徴は、同時代に核テクノロジーが大躍進を遂げた点にあるが、まさにそのことがブレーメン講演と「技術」講演のつながりに関しても言える。

両講演の時期には、ソ連の核開発と東西冷戦の深刻化、水素爆弾の開発と実験、と急ピッチの展開があった。そのあげくが、「技術」講演から三週間足らずの一九五三年一二月八日に行なわれた、ドワイト・アイゼンハワー（一八九〇－一九六九年）の「原子力の平和利用 Atoms for Peace」演説であった。翌一九五四年は、第五福竜丸がビキニ環礁で被曝した年であるとともに、ソ連が世界初の実用原子力発電所を稼働させた年でもある。二一世紀のテクノロジー進展のテンポが変わり映えしないように見えてしまうほど、それほど目まぐるしい日進月歩の時代であった。

その一九五四年に公刊されたハイデガーの「技術」講演では、驚くべきことに、原子力の「平和利用」という言葉がすでに使われている。アメリカ大統領の有名なアトムズ・フォー・ピース演説に先立って、ドイツの哲学者がその露払いをした恰好になっていることに注意したい。もっとも、ハイゼンベルクの講演からの引用と同じく、この新奇な言葉遣いも、講演原稿が翌年印刷に付されるさい（バイエルン芸術アカデミー年報第三巻に掲載され、かつ同年刊のハイデガーの単著『講演と論文』の巻頭を飾った）、付加された可能性がある。たとえそうだとしても、ハイデガーが、当時の最新動向であった「核戦略」――それは今日なお国際政治の中心に位置している――に敏感であったのは確かである。哲学は、時代を超越しているのでは決してない。同時代の中でとびきり決定的な出来事に立ち会い、その戦慄から始まるのだ。

以上をまえおきとし、「技術とは何だろうか」の読解に取りかかることにしよう。

2　哲学的テクノロジー論の試み

技術の本質を問うということ

ハイデガー入魂の技術論テクストを読んでおそらく誰でも気づくのは、この講演はいわば総論的な性格が強いという点である。ブレーメン講演を承けつつ、それとはまた別の仕方で、哲学者はみずからの思索の総決算を果たそうとしている。

ブレーメン講演は「まえおき」で、旅客機やテレビをはじめとする当時の先端技術をまず例に挙げ、さらに「原子爆弾の爆発」を引き合いに出していた。これに対して、「技術」講演はまさしくオーソドックスに「技術とは何だろうか、と問う」[6]ことから始めている。そこで問題となるのは、個々の「技術的なもの」ではなく、「技術の本質」である。技術についての原理的省察を試みようとする並々ならぬ意欲が、ここには見てとれる。講演者は、いわば「技術の哲学」決定版を提出しようとするかのごときである。

ただしこの意欲の画期性は、われわれ現代人にはピンと来ないかもしれない。今日では、数多《あまた》の論客が思い思いのテクノロジー論に手を染めており、そういうジャンルがすでに確立しているかに見えるからである。しかし、二〇世紀半ばまではそうではなかった。

なるほど、すでに一九世紀にはマルクスが、資本主義的生産様式の特異性を問うなかで、生産力の基盤となる技術水準と、近代におけるその飛躍的発展についての省察に着手している。だが、少なくとも講壇哲学の内部では、技術を正面から論ずるということは、まずありえなかった。なぜか。技術ほど目まぐるしく変転するものはまれであり、それをテーマとすること自体、「本質」を問い求める哲学にそぐわない、との烙印を押されかねなかったからである。技術が真に哲学のテーマに据えられるには、二〇世紀前半の出来事、つまり核テクノロジーの登場をくぐり抜けなければならなかった。序章にふれたように、まさにその起点に位置するのがハイデガーの技術論なのである。

技術とは手段にすぎないのか？

ハイデガーは、努めてオーソドックスに「技術の本質」を問うている。そして、その手がかりとして、技術とは何かという問いに対する、ごくありきたりな答え方を、まず俎上に載せる。一つには、

「技術とは目的のための手段である」、もう一つには、「技術とは人間の行ないである」[7]。「技術とは手段であり、人間の行ないである」と見なすこの一般的見解を、ハイデガーは一括りに「道具手段的かつ人間学的な技術規定」と呼んでいる[8]。

本質への問いが、昔ながらであるばかりではない。常識的見解（ドクサ）から出発し、それに批判的吟味を加えていくことは、古代ギリシア以来の哲学の基本的方法態度に属する。その場合、「批判」が「否定」ではないことは言うまでもない。技術とは手段であり、人間の行ないである――このことを誰が否定できようか。しかしそのうえでなお、こう問うことができよう――技術とは手段にすぎないのか、と。

技術がもっぱら目的達成のために人間が操る手段だとすれば、その道具をいかに正しく扱うかに一切は懸かってくる。言いかえれば、技術自体は、善でも悪でもなく、あくまで中立的なものであり、問題はそれをうまく使えるかどうかだ、というわけである。この冷静な考え方からすれば、どんな重大事故が起こった場合でも同じことであり、それを教訓にして技術を制御可能なものとすることが、どこまでも追求されるべしということになる。「リスク管理」という発想もここから出てくる。こうした「技術制御」の思想に関して、ハイデガーはここで、なかなか味わい深いコメントを加えている――「制御しようとする意志は、技術が人間の支配には手に負えなくなりそうであればあるほど、それだけいっそう執拗なものとなります[9]」。

3・11の破局以後、気がつけば、われわれは躍起になって技術をコントロールする技術やその理論を探している。あたかも、問題はそれで尽くされるかのごとくに。

ハイデガー自身は、現代技術には、リスク管理がもっぱら問題となるのとは別の種類の、大いなる「危険」または「危機」がひそんでいる、と診断することになるのだが、それはあとでのお楽しみとし、技術を手段と見なす発想の批判的吟味を続けよう。

手段も目的も「原因」のうち

技術を目的と手段のカテゴリーに当てはめて考えようとする以上、その道具本位の技術観を大事にすればこそ避けられない自己反省的な問いがある、とハイデガーはここで注意を促す——「道具手段的なものとはそれ自身何であるか」、「手段や目的といったものは、何に属しているのか」[*10]。そして、すぐさま次の暫定的な答えを与える。

手段とは、何かがその作用としてもたらされ、成果として得られる当のものです。作用を帰結させるもののことを、ひとは原因と呼びます。しかし、それを手段として他のものが作用としてもたらされるものだけが、原因であるのではありません。どのような手段を用いるかの決定基準となる目的もまた、原因とされます。目的が追求され、手段が使用され、道具手段的なものが支配的となるところでは、原因性、つまり因果性が支配しているのです。[*11]

手段は、目的となるものを結果としてもたらす、という意味で「原因」と見なされる。しかし、目的も、手段を選ぶうえでの決定基準を与える、という意味では「原因」だと言える。それぞれの場合で、「原因」の意味がまったく異なるのは明らかだろう。ともかく、目的－手段のカテゴリーが、原因性もしくは因果性の考え方にもとづく以上、では、その「原因」とは何かという問いへと、問題はもう一歩遡ることになる。

ここから話は、伝統的原因論である「四原因」説――質料因、形相因、目的因、作用因――に移り、ひいては古代ギリシアにおける「原因」の観念に分け入っていく。中心に置き据えられるのは、アリストテレスの原因論である。

現象としての存在の原因

ハイデガーによれば、ギリシア語で「原因 *aition*」とは、「他のものを引き起こした責めを負うもの」[*12] という意味だという。たとえば、お供え用の器具である銀皿の場合、銀という「素材」が「質料 *hylē*」であり、その皿の「姿かたち」が「形相 *eidos*」であり、その物が神前への奉納や寄進に使われるべく完成して「終わり」に至っていることが「趣旨 *telos*」である。そして、以上の三種類の「引き起こした責めを負うこと」を、鍛冶《かじ》職人が取りまとめ「熟慮すること *logos*」によって締めくくられてはじめて、当の制作物が産み出されることになる。これら四つは、そのようにして当のものを「出来《しゅったい》させて、現前的にあり続けるようにさせる」、つまり現われさせる。「引き起こした責めを負うこと」は、そのように来着させて「始動のきっかけとなること」[*13] である。

そこに生じていることは何か。「いまだ現前的であらざるものが現前的にあり続けることへ来着するようにさせる」[*14] ことである。この「こちらへと前にもたらして産み出す」はたらきのことを、古代ギリシア人は「ポイエーシス *poiēsis*」と呼んだ。とりわけ、プラトンは『饗宴』で、そのような広義の「出産」の営みについて語っている、とハイデガーは注意を促す。[*15]

つまりこう言いたいのである。ギリシア人は「存在」を「存在させるはたらき」のほうから考え、しかも、その場合の「存在」とは「現われ」を意味しており、何かを存在へともたらす「現われさせるはたらき」のことを「ポイエーシス」と呼んだ、と。

いわば現象としての存在の原因と解される、この「ポイエーシス」は、人為のみならず自然を含む、はなはだ広い意味に解されている。ハイデガーの言い分を聞こう。

> こちらへと前にもたらして産み出すこと、つまりポイエーシスは、手仕事的な製造にはかぎられませんし、輝かせて－形象にもたらす芸術的－詩作的な営みにもかぎられません。ピュシス *physis*、つまりおのずから現われ出ることもまた、こちらへと前にもたらして産み出すことであり、ポイエーシスなのです。それどころか、ピュシスこそ最高の意味でのポイエーシスにほかなりません。[*16]

「本性からして *physei* 現前的にあり続けるもの」も、立派なポイエーシスなのである。例として挙げられるのは、「花のつぼみが開いて花盛りになること」である。そうした「自然」現象は、「それ自身の内で *en heautōi*」はたらいており、むしろ勝義のポエーシスと言える。これに対して、手仕事的、芸術的な作品、たとえば銀の皿は、こちらへと前にもたらして産み出すはたらきを、それ自身の内ではなく、「他のものの内に *en allōi*」、つまり職人や芸術家の内に、持っているにすぎない。[*17]

何かを産み出し、存在するに至らせるはたらきが「ポイエーシス」だとすれば、この広義の「産出作用」には、人間が物を作るという意味での「制作」、さらに芸術家の「創造」や文学上の「創作」だけでなく、広く自然的に何かが生み出されるという意味での「発生」全般が含まれる。じっさい、子作りという意味での「生殖・出産」も、ギリシア語では「ポイエーシス」と言われる（その場合の「テクネー」とは子作りの「テクニック」である）。桜が満開になるのも、散って青葉が繁るのも、赤い実が成るのも、みなれっきとしたポイエーシスである。人間が人為的にはたらきかけて何かを作り出すとのみならず、おのずから現われ出るという意味での自然的生成、つまりピュシスも含めての「現象としての存在の原因」を広く言い当てる言葉が、「ポイエーシス」なのである。

真理の問題へ

こうしたポイエーシス、つまり「こちらへと前にもたらして産み出すこと Her-vor-bringen」は、存在させることであり、現われさせること、現前させることである。つまり「隠されたさまのほうから、隠れなき真相へと前にもたらすこと」であり、これをハイデガーは、一語で「顕現させること Ent-bergen」と言い表わす。[*18] ギリシア語では「アレーテウエイン *alētheuein*」、つまり「真理すること・真相をあばくこと」である。[*19]

話があちこちして、何がここで言われようとしているのかピンとこない人も多いに違いない。ギリシア語を連発して煙に巻く魂胆か、とぼやきたくもなる。ハイデガー自身、「私たちは道をまちがってどこへ迷い込んでしまったのでしょうか[20]」と自問している。

何と無責任な、と言いたくなるが、ここまでの議論の筋道を顧みて、目下辿り着いた地点を、すかさずこう確認している。「技術とはたんに手段ではありません。技術とは、顕現させるあり方の一つなのです[21]」。

ハイデガーは技術を、人間の操る道具手段とのみ考えるのではなく、「顕現させること」の一種として解そうとする。これを一言で言えば、「技術 *technē*」の問題を「真理 *alētheia*」の問題という広い視野で捉える、ということになる。

技術とはそもそも何だろうかと問い、その「技術の本質」を、「顕現させること、すなわち真理という領域[22]」において捉え返すこと。技術という問題を真理という問題に差し戻すこの作法こそ、ハイデガー技術論の最大の特徴だと言ってよい。この哲学的扱いは、技術を軽んずることではない。その正反対である。技術をまさに真理という最大級の哲学的テーマに据えるということだからである。

3　真理論としての技術論

アリストテレスという先例

技術を真理論に組み入れて扱う作法自体には、じつは古典的先例がある。アリストテレスの『ニコマコス倫理学』第六巻がそれである。

われわれは第1章「ソフィア・フロネーシス・テクネー」でこのテクストに少しふれた。そこでアリストテレスは、ソフィア（知恵＝哲学知）とフロネーシス（思慮＝政治知）と並んで、テクネー（技術＝制作知）を、「真相をあばくはたらき *alētheuein*」の一つとして数え入れていた。ハイデガーはこの先例を、目下の技術論の文脈でも、「熟考すべき」「重要」なことだとして、さりげなく引き合いに出している。[*23] プラトン的な広義のポイエーシス（産出）に定位しつつも、アリストテレスのテクネー論の参照を怠っていない。

たしかにここには、以下のような留意すべき点がひそんでいる。

真理問題としてのテクネー

なるほど、アリストテレスは、テクネーを「真相をあばくはたらき」の一つに数え入れている。だが、第1章で見たとおり、その場合、テクネーは、ソフィアのみならず、フロネーシスにも劣るものだとされていた。つまり、制作的技術知は、哲学的知恵とも政治的思慮とも違って、自由市民にはふさわしくないと軽視されたのである。この点だけ見ると、アリストテレスの先例に倣うことは、技術の問題を哲学的に重視することからはほど遠い「差別的」扱いであるかに見える。

だが、必ずしもそうは言えないこと、やはりハイデガーは技術の問題を最大限に重視しようとしていることを、われわれは見ることになるだろう。ソフィアやフロネーシスには尽きない、そしてそれらに勝るとも劣らないテクノロジーならではの真理の次元があり、まさにそれが「技術の本質」として問われること、そのさいアリストテレス譲りの「真相をあばくはたらき」への着眼がポイントとなることを、われわれは見るだろう。

「存在＝被制作性」テーゼのゆくえ

じつのところ、ハイデガーは初期以来、存在を問うに当たって「制作」というテーマを一貫して重視してきた。とりわけ、「存在論の歴史の破壊」のプログラムにおいて、「ポイエーシス」への着眼は決定的だった。プラトンやアリストテレスが、「有ること・存在」の意味を、「作られてあること・被制作性」の地平から捉えて以来、伝統的存在概念の根底には「制作」経験がひそんでいる、と見なされたからである。この哲学史的ヴィジョンが、ブレーメン講演の「物」にも認められることは、第2章で見たとおりである。

ところが、この目下の「技術」講演では、その「存在＝被制作性」という批判的見通しは、表立っては表われてこない。それどころか、制作つまり「ポイエーシス」の概念は、自然つまり「ピュシス」にまで拡大解釈できるとする論点が、むしろ積極的に打ち出される。少なくとも、ここには――「転回《ケーレ》」とまでは言えないとしても――重大な論点の移動がある。「ポイエーシス」を「アレーテイア」の際立ったあり方だとしている以上、そう言わざるをえない。そして、このポイエーシスの重視が、「危機」から「転回」へのシナリオにおいて効いてくることを、われわれはのちに見ることになるだろう。

科学知と技術知

ところで、ハイデガーは「技術」講演でアリストテレスのテクネー論を持ち出すさい、テクネーと並べて、「エピステーメー *epistēmē*」というもう一つの「認識」概念に言及している。[*24] さしあたりこの言及は、取り立てて注目に値しない当然のことであるかに見える。ギリシア語の「テクネー」も「エピステーメー」も、「最広義の認識[*25]」、つまり知・知識を意味するふつうの言葉だからである。じっさいアリストテレスも、『形而上学』第一巻では、「テクネー」と「エピステーメー」の二つを同義と解し、両者を、「アイステーシス」つまり感覚知や、「ムネーメー」つまり記憶知、さらには「エンペイリア」つまり経験知と区別したうえで、どちらも普遍的なものに関わる学問知だとしている。

しかし、アリストテレスが『ニコマコス倫理学』第六巻で「エピステーメーとテクネーを区別」して「格別に優れた考察[*26]」を行なうとき、そこには、技術をどう捉えるかの決定的な分かれ目が見出せるように思われる。そのアリストテレスの区別によれば、エピステーメーとは、「他ではありえないもの・必然的なもの」に関わる知であり、テクネーとは、「他でありうるもの・偶然的なもの」に関わる知なのである。

アリストテレスのこの狭義のテクネー概念を、ハイデガーなりに敷衍している説明を引いておこう。「テクネーによって顕現させられるものとは、自分でみずからを、こちらへと前にもたらして産み出すわけではなく、まだ眼前に存していないもの、それゆえ、かくかくの姿かたちをとるという結果に終わることも、しかじかの姿かたちをとるという結果に終わることもありうるもの、です[*27]」。人間のそのつどの思惑に左右され、どっちへ転ぶか分からず、どっちへ転んでもおかしくない、行き当たりぱったりの、自然本性の定まらぬ、うたかたの偶然事を相手とするのがテクネーだ、というのである。人為的で相対的なものにもっぱら関わるこの技術知に対して、自然本性の定まったもの、移ろいやすい現象の根底にひそむ普遍的で本質的なものを相手にするのが、狭義のエピステーメー、つまり学問知である。伝統的に「学知 scientia」と呼ばれてきたのは、こちらの「本質知」のほうだった。そこからしても、ハイデガーの持ち出す「技術の本質」なる言い方自体、伝統から見れば大胆な組み合わせと言うべきである。

「科学=技術」融合路線

ところが、そのエピステーメーとテクネーとの隔たりが、ハイデガーの「技術」講演では、おもむろに取り払われようとしている。とはいえそれは、ハイデガーが学知と技術の伝統的区別を軽視しているからではない。逆である。むしろこの区別が取り払われたことの意味に光を当てようとするのが、ハイデガーの技術論なのである。

じつのところわれわれ現代人は、科学知と技術知の隔たりのなさを当たり前だと感じ、軽く受け流してしまう。現代ではこの区別は無効とされるからである。だが、それを軽く受け流しているかぎり、そこにひそむ問題の巨大さに気づくことはできない。先回りして言っておけば、異質とされてきたテクネーとエピステーメーが融合し合体したものこそ、近代の「科学=技術」つまり「テクノロジー」にほかならない。

ハイデガーが技術を「顕現させること」の一種として捉え、真理論の文脈に置き据えるとき、古色蒼然たる学説を後生大事に有難がっているだけに見えるかもしれない。だが、実情はそれと異なる。まったく新しいタイプの知が近代にきざし、気がつくと支配的になっていることが、射程に収められようとしている。「ギリシア思想」の考えも及ばなかったこと、「手仕事的な技術」とは似ても似つかぬもの、「現代の動力機械技術」を支配している「本質」を、いかにして抉り出すか――ここに問題の中心がある。

そのさい勘案すべき二通りの「歴史学的事実」がある。「現代技術は、従来のすべての技術とは比較にならないほど別種の技術であって、なぜかといえば、近代精密自然科学に拠ったものだからだ」ということ。それでいて、その反対に、「近代物理学は、実験物理学としては、技術的装置類ならびに装置製作の進歩に差し向けられ、それに依拠している」ということ、この二つである。[*28]

技術は科学に依拠し、科学は技術に依拠して、どちらもはじめて成り立つ。理論と実践の合一は、今さら課題として唱えられるべきものであるどころか、とっくに一線を踏み越えてどしどし推し進められている。この「科学=技術」融合路線は、早くも『野の道での会話』の中で繰り返し語られていたところであった。科学と技術のそうした相互依存関係を踏まえたうえで、ハイデガーは「決定的な問い」をおもむろに問う。「精密自然科学を利用することをあみ出すことができるような現代技術とは、いかなる本質をもつものなのでしょうか」。[*29]

「挑発」という顕現させるはたらき

ハイデガーは、「現代技術のどういった点が新式なのか」を明らかにするためにこそ、それを「顕現させることの一種」と解することが肝要だという。真理問題として扱ってはじめて現代技術の「真相をあばくはたらき」の特徴を摑むことができる。そしてそれは、古代ギリシア人が「ポイエーシス」と呼んだ物作り、技術的制作とは、もはや断然異なる。

現代技術において支配をふるっている顕現させることとは、一種の挑発することです。つまり、自然をそそのかして、エネルギーを供給せよという要求を押し立て、そのエネルギーをエネルギーとしてむしり取って、貯蔵できるようにすることです。*30

「挑発すること Herausfordern」——これはハイデガーの技術論の最重要語の一つである。英訳では challenging と訳される。こちらから相手をけしかけ、そそのかし、その反応を引き出しては、戦いに打って出ること。たとえば、ボクシングのチャンピオンに対して、「挑戦者《チャレンジャー》」は、「オレのほうが強い、必ずノックダウンしてやる」と闘志をむき出しにした言葉を吐いては、相手の闘志をかき立て、いざ試合に乗り出していく。一国の指導者どうしが相手を罵り合って駈け引きをするのも、国際政治の場面でよく見かける光景である。どこであれ、人と人とが議論の応酬をするさいには、多かれ少なかれ、そのような「挑発合戦」が繰り広げられる。たとえ言葉のうえでの遣り合いであっても、それはもうれっきとした戦いの一部である。その応酬なくしては戦いが真に演じられることもない。

そのような攻撃、挑戦が、自然相手に繰り広げられること、ここに現代技術の現代技術たるゆえんがある。そうハイデガーは見なしているのである。

人間相手ならどこでもある光景でも、それが自然相手に行なわれると、まったく違った光景を呈する。ハイデガーがさっそく挙げている例は、「エネルギー」開発である。いや、人間は古来、自然からエネルギーをむしり取ってきたではないか。そう疑問を呈されるかもしれないとハイデガー自身、注意を促している。たとえば「風車」[*31]。風力という自然力を使って、穀物を挽いて粉にする機械を作動させる――これも立派な「自然エネルギー利用」であろう。だが、現代技術においては、それとはまったく別次元の「自然の挑発」が問題になっている、とハイデガーは見るのである。

ある地域が挑発されて、石炭や鉱物が採掘されるようになります。今や、地表が顕現させられて炭鉱地区となり、大地は鉱床地帯となります。畑の様子も一変します。かつて農夫が畑を耕していたときのその耕すこと **bestellen** はまだ、世話する、面倒をみる、という意味でした。農夫のこの営みは、耕地をべつに挑発しません。穀物の種を播いては、種子の生育力にゆだね、その生長を見守るのです。しかしいつしか、土地耕作も、自然をかり立てる別の種類のベシュテレン **Bestellen**、つまり徴用して立てることに吸い込まれてしまいました。こちらのベシュテレンは、挑発するという意味で自然をかり立てるのです[*32]。

「挑発」と並ぶハイデガー技術論のキーワード「ベシュテレン」がお目見えし、このドイツ語に――商品を「注文する」「取り寄せる」という意味のほかに――土地を「耕す」、つまり農耕という意味があることが確認されている。そして、そうした手入れをして労わるという意味とはまるで異なる「別の種類のベシュテレン」——こちらのBestellenを「徴用して立てること」と訳すことにする——の特異性が際立たせられることになる。

この引用箇所に続く文言も、いっそう意味深長で問題的なのだが、先を急がず、「挑発」という用語の含意をもう少し見ておくことにしよう。

4 「自然の挑発」としての電化

挑発としての開発

昔ながらの農業は、土地を耕し《ベシュテレン》、その畑に種を播いては、それが成長することを見守る。この「世話する、面倒をみる」式の農耕労働と違って、「別の種類のベシュテレン」は、「挑発するという意味で自然をかり立てる」のだという。

「挑発する・けしかける herausfördern」と並べて「むしり取る・開発する herausfördern」という言葉も持ち出される。[*33] 辞書的には、fördernは「要求する」の意、fördern は「促進する」の意であり、意味合いを異にするが、この両語をハイデガーは響き合わせ、しかもその場合の fördern には「二重の意味」[*34]があるとする。たしかに fördern というドイツ語には「促進する」のほかに「採掘する」という意味もあり、炭鉱開発や油田開発はこれに当たる。地下や海底に眠っているものを「発見」し、開削して「露出」させ、むしり取っては「貯蔵」する。

自然をそのように「開発」する仕方は、しかし、昔ながらの「開拓」たとえば新田開発と同じではない。荒野を田畑に変え、そこで人びとが末永く耕作を営むのが「開拓」なら、大地に隠され埋蔵されているものをこじ開けて、ことさら吐き出させ、ごっそり搾り取っては、その潜在力をできるかぎり活用しようとするのが、「挑発としての開発」なのである。まさに「促進・振興」だが、その「援助・助成」はもっぱら「増進・進歩」をめざしている。より以上の開発をどこまでも追求していくことが肝腎なのである。

大地深くに眠る石炭や石油は、それまでも現に存在していたし、幾百千万年も前から堆積していたからこそ当のものになったのだが、ただ存在するだけのものでしかなかった。ところが、それを燃やしてエネルギーを供給できる天然資源として発見されるや、まったく別の様相を呈して立ち現われることとなった。そのような「開発 erschließen」[*35]は、まさしく「顕現させるはたらき」と言うべきだろう。有用なものとして利用する手段が案出されたというだけではない。存在者の新たなあり方がそこに「発見」されたのである。ハイデガーに倣えば、「隠されたさまのほうから、隠れなき真相へと前にもたらす」という、先に見た意味での「アレーテイア」の出来事がそこに本有化されたのである。

電力開発

他方、新たな資源の開発、たとえば石炭の発見は、それにもとづく一連の挑発プロセスが、連鎖的に際限なく形づくられることをも意味する。「石炭の中に貯蔵された太陽の暖かさ」は、「熱に向けて挑発され、熱は蒸気を供給することへ徴用され、蒸気圧が伝動装置を駆動させ、それによって工場が操業を続けることができるのです[36]」。

この石炭エネルギー開発の例は、ハイデガーもしばしば言及する「動力機械技術」の成立という、産業革命の古典的事例ということになるが、それに続けてハイデガーが挙げている例は、水力発電所である。これは、まさに「電力開発」である。

水力発電所が、ライン川に立て置かれています。発電所は川の流れを水圧へとかり立て、水圧はタービンをかり立てて回転させ、その回転によって稼働する機械の伝動装置が、電流を作り出します。その電流のために長距離送電所および電力輸送用の送電網が徴用して立てられているのです。電力の徴用がこのように相互に絡み合って順番に並んでいる領域にあっては、ライン川も、徴用して立てられたものとして現われます。水力発電所がライン川に建てられているさまは、何百年も前から岸と岸とをつないできた昔ながらの木造の橋とは異なっています[37]。

ここで対比されている「橋」の例は、第3章で扱った「建築」講演を思い起こさせる。なるほど、岸と岸をつなぐ橋の建設もまた、両岸の風景をそれとして立ち現われさせるという点で、優れた意味で「顕現させること」だと言ってよい。だが、建物としての橋が、川の流れを川の流れとして「存在させる」ことと断然異なっているのが、川をせき止めてダムを造り、その水圧で発生した「電流」を送電網により遠隔地へ供給する一連のシステムを構築する、挑発としての電力開発なのである。

電化という近代のプロジェクト

「電気」は、お馴染みの自然現象である。静電気にしろ稲妻にしろそうである。しかし、落雷のような自然の猛威が家屋や人体を直撃してくることは、防止すべきことでこそあれ、歓迎すべきことではない。かつてそれは、神の怒りを意味するものですらあった。ところが、そういう荒ぶる自然を相手どっての挑戦に乗り出し、大々的に仕掛けを張りめぐらして、その根元力——自然の猛威 **Elementargewalt, elemental forces** ——を生け捕りにし、飼い馴らし、好き放題使うという冒険的行為を、しかし淡々とビジネスライクに行なうのが、電力開発なのである。それは「自然の挑発」の範例たるにふさわしい。

もとより、石炭開発にしろ、石油開発にしろ、化石燃料にもとづく動力機械開発にしろ、技術革命とともに躍進を遂げてきた産業で、「ベンチャービジネス」ならざるものはない。しかしここはもう少し、電力開発の事例にこだわってみよう。

地表の至るところに張りめぐらされた電線に流れている電流は、もはやたんなる「自然現象」ではない。とはいえ、たんに人間がこねくり回してひねり出した「人工物」にとどまるものでもない。自然と人為の垣根を軽々と踏み越え、自然の威力を人工的世界のうちへ、どしどし導き入れては、人びとの住む大地をみるみる変貌させてきたものこそ、「電化」という近代の普遍的プロジェクトにほかならない。

完全に自動制御された「オール電化都市」に住む近未来人の暮らしほど、じつは、自然の根元力にどっぷり浸かった生活もないと言ってよい。

電化の進んだ現代世界において、自然的なものは人工的なものによって駆逐されているのではない。そうではなく、自然的なものと人工的なものの境目がとっくに雲散霧消し、自然の猛威が堰を切ったかのように人間の世界に氾濫しているのだ。今さらそこで、「自然に還れ！」と叫んでみても仕方ない。なぜなら、まさに「自然の挑発」によって吐き出され、取り込まれたものが、われわれの居住環境の根幹を形づくっているからである。

電力という半自然力

電気仕掛けで動く機械が、あたかも生き物のように見えることがある。無気味なほどに。だがそれはべつに、その仕掛けが生き物を真似て作られているからではない。電気という存在者がもともと、半ば自然的なものだからである。半－自然的な模倣が至るところにみなぎる光景は、すでに「超－自然的 meta-physical」と言うべきである。電化にもとづいてオートメーション化が進めば進むほど、それだけ自動機械は超自然現象めいてくる。

しかも、自然的と人工的という区別が取り払われつつある以上、逆も言える。つまり、自然現象のほうも、これはこれで自動機械めいたものに見えてくる。ちょうど、近未来にはロボットと労働者との見分けがつかなくなるであろうように。自然と人為とが融通無碍に行き交う怪奇現象がもはや日常茶飯事となっているわれわれには、その超自然的凄みはなかなかピンと来ない。だが、それが平和的共生である保証はどこにもない。

電力という「半自然エネルギー」開発は、それゆえ画期的段階をなすものだった。つまり、石炭、石油といった化石燃料の発見のそれに優るとも劣らない技術時代の新ステージを意味するものだった。それればかりではない。電化の進展過程は、二一世紀の今日、いよいよ加速している。ハイデガーの言う「自然の挑発」の典型例である電力開発プロジェクトは、風力発電や太陽光発電という方向での半自然エネルギー開発のみならず、電気自動車開発、自動制御交通システム開発まで、えんえんと続行中である。

電源が途絶えてエネルギー切れを起こせば、コンピュータもスマホもリニアも人工知能もたちまち、あわれ、ただのガラクタとなる。酷暑や厳冬にエアコンが効かなくなれば、命綱が絶たれたに等しい。オールジャパンならぬオール電化——またの名を「電力全体主義」*38——路線を突き進んでゆく先端テクノロジーの生命力源は、例外なく、電力という半自然力なのである。その供給が断たれればすべてが滅びる。

心臓にペースメーカーを埋め込まれている人にとって、その電池が切れれば生命の危機だが、それと似た電池切れの危機は、スマホ依存症候群にも見られる。アンドロイドならざる生身の人間のはずなのに、機械装置が体内に埋め込まれているのか、機械装置に生命体が取り込まれているのか、わけが分からなくなってくる。融合は着実に進んでいる。

電力と原子力

電力開発がテクノロジーの進展にとって生命線であることは、電化という近代化の黎明時代以降、変わりがない。そのことを如実に示すのが「原子力の平和利用」である。

「原子力ロボット」はルーティーン化した物語世界でこそ生き延びているものの、危なっかしくて実用化は難しい。原子力船(日本では「むつ」)が、「廃テク」の最たるものとなって以来、軍事利用——原爆、水爆のほか原子力潜水艦、原子力空母も含む——とは異なる「平和利用」は、原子力発電のみとなった。そして、その原子力発電の方式は、旧来の火力と同じく、ただし規模がケタ外れに大きい高熱を発生させて水を沸騰させタービンを回すという方式なのである。原子力の平和利用の問題は、電力全体主義の問題とリンクせざるをえない。リニア新幹線開発が、原発再稼働および新設と一体であるように。*39

「自然の挑発」の範例をなす電力開発が、挑発という仕方で顕現させるはたらきの極致である原子力開発とワンセットだということを、じつに、ハイデガーのテクノロジー論は先回り的に示唆していた。そのことを次に見ていこう。

5 原子力時代の技術論

ブレーメン講演と「技術」講演との違い

ハイデガーが石炭エネルギー開発と原子力開発とをいわば同列に論じているのは、われわれにとってじつに啓発的である。先に(134ページで)途中まで引用したくだりの続きは、こうであった。

農業は今や、機械化された食糧産業なのです。大気は窒素の放出に向けてかり立てられ、土地は鉱物に向けて、鉱物はたとえばウランに向けて、ウランは原子力に向けてかり立てられます。その原子力は、破壊または平和利用のために放出されうるのです。*40

一九五三年一一月の「技術」講演で、ハイデガーはこう語っている。これと対比すべきは、一九四九年のブレーメン第二講演「総かり立て体制」の次の箇所である。

大気は窒素に向けて、土地は石炭と鉱物に向けて、それぞれかり立てられ、さらに、鉱物はウランに向けて、ウランは原子力に向けて、原子力は徴用可能な破壊行為に向けて、というふうに次々にかり立てられます。農業は今や、機械化された食糧産業となっており、その本質においては、ガス室や絶滅収容所における死体の製造と同じものであり、各国の封鎖や飢餓化と同じものであり、水素爆弾の製造と同じものなのです。*41

二つのテクストの異同がはっきり認められる。ブレーメン講演では「原子力は徴用可能な破壊行為に向けて」かり立てられる、となっていたのが、「技術」講演では「原子力は、破壊または平和利用のために放出されうる」という言い方に代えられている。この加筆または改変は、目まぐるしく変わる時局に対するハイデガーならではの敏感さを表わしているとはいえ、彼自身の論の運びの中では、さほど重大視されているとは思えない。平和利用だろうが軍事利用だろうが、起こっていることは

「同じもの」だというわけである。

それどころではない。ナチドイツが組織的に行なった悪名高い「ガス室や絶滅収容所における死体の製造」も、究極の絶滅戦争を容易にした「水素爆弾の製造」も、「機械化された食糧産業」と化した農業と「同じもの」だというのである。

一緒くた的論法の妙味

このいわばミソもクソも一緒くた的論法が、ナチの「人道に反する罪」を特別視しないではいられない戦後のタブーに触れるのは、たしかであろう。だからこそ、「絶滅収容所」に言及したブレーメン第二講演「総かり立て体制」と第三講演「危機」は、ハイデガーの生前には公表を差し控えられたのであろう。その代わりに、ミュンヘンでの「技術」講演が、その箇所を慎重に書き直した形でなされ、かつ印刷に付されたのである。

だがそれではすまなかった。「ハイデガーは戦後の講演で、食糧産業と絶滅収容所を同じだと言ってのけた」という風評は徐々に広まり、「やはりハイデガーはナチだったのだ」という確信を人びとに深めるのに役立つ仕儀となった。だが、そのように未刊原稿の断片情報に飛びついて早々と告発してみせた論者たちが、一九九四年に全集第七九巻として公刊されたブレーメン講演のテクストを丁寧に読んだ形跡はない。しかしそれは、もはや賞味期限切れとして片づけるにはあまりに惜しい技術論テクストである。そしてその妙味は、ミュンヘンでの「技術」講演と照らし合わせていっそう味わえるものなのである。

その妙味の一つは、原子力の「平和利用」が「破壊」と並べて何食わぬ形で付加された点にあるように思われる。つまり、両者は大同小異だとハイデガーは考えたわけである。当時これは例外的な反応だった。最悪の殲滅兵器技術の「転用」によって人類の未来に無限のエネルギーが調達可能だとすれば、原爆投下というテロ行為をうやむやにできそうだし、核兵器による不断の威嚇にもとづく冷戦システムを糊塗してくれるだろう。そのような「転回」のストーリーは、一九五四年の第五福竜丸被曝によって燃え上がった原水爆禁止運動を鎮静化させる消火装置として必要性を増し、原爆の悲惨さの救いとなる「夢の原子力」という逆転劇のシナリオを被爆国の人びとに受け入れさせてきたのであった。

ヤスパースの「穏当」な意見

そのような「転回」は人民の救済願望に適っていたばかりではない。戦後復興のはずみの高度成長経済に資しただけでもない。核兵器という根源悪を噴出させた科学者集団の罪悪感を薄めてくれたのみでもなかった。ハイデガーと並び称される二〇世紀ドイツの代表的哲学者ヤスパースもまた、一九五八年に発表した大著『原子爆弾と人類の将来』で、全体主義の脅威に対抗せざるをえない以上、原爆開発やむなし、といった政策論を展開する一方で、原子力発電は人類に希望をもたらす、として別格扱いしている。戦中もナチと距離を取り続けて不遇を耐え忍び、戦後に「ドイツの良心」とまで評された誠実な知性がこう述べているのは、当時としてはしごく穏当な意見だったと見るべきである。

不安に満ちた興奮が原子力の平和的な生産と使用の危険に向けられるとき、それもまた一つの行き過ぎである。「絶対安全な機械」など存在しないし、また災害というのも排除できるものではない〔…〕。しかしながら、管理下に置けば高度の安全性が達成できることが、信憑性のあるものとして報告されている。危険な廃棄物は、恐れる必要などなく、深い穴の中に埋めて無害に始末できるとのことである。*42

こうした安全性への信頼は、二〇一一年三月までわれわれもまた当然視してきたものであった。それが大破局によりいったん覆されたかに見えたあとでも、気がつけば至るところで復活を遂げ、以前にも増して技術進歩信仰の度を高めている。そしておそらくそれは、次の過酷事故まで猛威をふるうことだろう。

繰り返すが、ヤスパースは特異な論陣を張っているのではない。「……無害に始末できるとのことである」とあるように、原子力の平和利用という当時の既定路線に乗って語っているだけの話である。引用では省略した箇所では、英国ウィンズケール原子炉火災事故（一九五七年）――米国スリーマイル島の原子力発電所事故（一九七九年）以前は、最悪の原子炉事故とされてきたもの――に触れつつも、楽観論に終始している。また、引用箇所に続けて、「自然科学的な判断は、さまざまな観察の中で量的なものを顧慮する場合にのみ、批判的に基礎づけられる」と言い添えているのも、今日ごくありふれた「エビデンス」至上主義――つまり「明証＝数値」信仰――と別物ではない。

現代の科学と技術の根本の問い

では、ハイデガーはどうだったか。こともなげに「平和利用」を「破壊」と並べて一緒に論じたのは、核テクノロジー問題に鈍感だったということだろうか。そうでないことは、一九五五年の講演「放下した平静さ」の次のくだりから一目瞭然であろう。

今や決定的な問いは、次の通りです。想像もつかないほどの巨大な原子エネルギーを、いかなる仕方でわれわれは制御し、操縦し、かくして人類に安全を確保することができるのか。つまり、この途方もないエネルギーが突然――戦争行為などなくても――どこかの場所で檻を破って脱出し「暴走」して一切を虚無化するという危険に対して、いかなる仕方で安全を確保することができるのか。*43

「放下した平静さ」と題されたメスキルヒでの講演については、第2章の最初で触れた。ハイデガー技術論の到達点とも言うべきこのテクストを立ち入って究明することは終章に譲るが、いま引用した箇所が、3・11以後を経験したわれわれにとって鮮烈に響くのは確かであろう。「どこかの場所」とは、チェルノブイリでありフクシマであった――そして、その他にも候補地はありすぎて困るほどだ、とつい感心してしまう。

ハイデガーは、「近い将来、地球上のどの箇所にも原子力発電所が建設されることでしょう」と言い切ったあとで、上掲の問いを「現代の科学と技術の根本の問い」として持ち出している。*44 しかも、この問いに続けて、「原子力の制御が成功するならば、そしてそれは成功するでしょうが、そのとき技術的世界のまったく新しい発展が始まることでしょう」[*45]とも述べている。つまり、ハイデガーはべつに技術の発展を「否定」していないし、むしろ原子力の制御可能性を肯定しているようにも見える。この点を強調すれば、ハイデガーの楽観的予測は外れたとする論定が出てきてもおかしくない。[*46]とはいえ、そういった論定自体、ひょっとしてすでに賞味期限切れとなっているかもしれないのだが。

われわれは、そのように当たり外れを云々する前に、ハイデガーが「今日の科学と技術の根本の問い」と言っていることを肝に銘ずるべきであろう。つまり、この問いは、そう簡単に答えの出せるクイズでも試験問題でもなく、その問いを追究し続けることがわれわれ自身の「根本」、いわば存在理由、実存の根拠に属しているような、現代世界の一大課題なのである。いったんその難問が地上に放たれた以上、われわれがそこから放免されることはそう簡単にありえない。

なぜか。われわれが二〇世紀以来「核テクノロジー時代」を生きているからである。

核時代のテクノロジー論

現代技術の特異性を「挑発」という顕現の仕方に着目して説明するハイデガーの議論のうちに、動力機械の段階や電化の段階が踏まえられているのは、先に見た通りである。

石炭、石油といった化石燃料の問題にしろ、電力全体主義の問題にしろ、なんら解決されてきたわけではなく、すべて積み残されたまま次の段階に進んでいるのが実情である。その次に擬された原子力の段階が、今後どのように進んで行くかも、容易に見通すことはできない。一刀両断に解決するなどできない相談だし、近未来に、やっとの思いでいったん克服したかに見えた安全制御問題が、またぞろぶり返すこともあるだろう。

そして何より、原子力テクノロジー問題が原爆、水爆という絶滅兵器の開発・製造・所有・管理の問題と一体であることも、また確かなのである。ハイデガーが軍事目的と平和利用を一緒くたにしているのは、両者が双生であることを考えれば納得が行くし、大いに示唆的である。同一手段を用いた目的設定の、一方が善玉で他方が悪玉、といった二者択一は成り立たない。自然を相手どって挑発を大々的に仕掛けておきながら、技術中立論を決め込むことは意味をなさない。事は、人間の探究しうる真理はギリギリどこまで開拓可能か、といった真理問題の次元にとっくに突入しているのだ。もう一度言おう。有用性ではなく真理が問題だからこそ、事はここまで厄介なのである。知を愛する者にとって真理ほど大事なものはない。真理をめぐって自然を挑発し、ひいては元素を挑発して隠されたその本性を顕現させることが賭けられているのが、核テクノロジー時代なのである。

ハイデガーの技術論は、そういうわれわれの時代に見合った「技術の哲学」の可能性を、われわれに示してくれている。章を改めて、この点をさらに追跡していこう。

＊1 Martin Heidegger, *Die Technik und die Kehre* (1962), 9. Aufl., Neske, 1996, S. 3; 小島威彦、アルムブルスター・訳、『技術への問い』、理想社、一九六五年、一五ページ。

＊2 どの程度の違いかは、拙訳『技術とは何だろうか』の「物」講演に付した訳注を参照されたい。

＊3 「位置決定の瞬間に、したがって光量子が電子によってそ

らされる瞬間に、電子はその運動量を変える。この変動は、使われた光の波長が小さいほど、すなわち位置の決定が精密なほど、大きい。そのため、電子の位置がわかったその時刻には、電子の運動量は、この不連続な変動に対応する量をふくめてしか知ることはできない。したがって、位置が精確に決定されればされるほど、それに応じて不精確にしか運動量はわからない。またその逆。」（ウェルナー・ハイゼンベルク、「量子論的な運動学および力学の直観的内容について」、河辺六男・訳、『中公バックス世界の名著80 現代の科学II』、湯川秀樹、井上健・責任編集、中央公論社、一九七八年、所収、三二九－三三〇ページ。）

＊4 ウェルナー・ハイゼンベルク、『現代物理学の自然像』、尾崎辰之助・訳、みすず書房、一九六五年、に邦訳あり。原著 *Naturbild der heutigen Physik*, 1955 の巻頭を飾る同名論文が、ハイデガーとの競演テクストである。

＊5 『講演と論文』所収の「科学と省察 Wissenschaft und Besinnung」は、一九五三年一一月の「技術」講演の準備のために、同年八月に少人数の会合で読み上げられた原稿にもとづくが、そこでもハイデガーはハイゼンベルクの（別の）論文を引用している（VA, 57）。

＊6 VA, 9;『技術とは何だろうか』、九六ページ。

＊7 VA, 10;『技術とは何だろうか』、九七ページ。

＊8 VA, 10;『技術とは何だろうか』、九八ページ。

＊9 VA, 11;『技術とは何だろうか』、九九ページ。

＊10 VA, 11;『技術とは何だろうか』、九九－一〇〇ページ。

＊11 VA, 11;『技術とは何だろうか』、一〇〇ページ。

＊12 VA, 12;『技術とは何だろうか』、一〇二ページ。

＊13 VA, 14;『技術とは何だろうか』、一〇五ページ。

＊14 VA, 14;『技術とは何だろうか』、一〇五ページ。

＊15 VA, 15;『技術とは何だろうか』、一〇六ページ。

＊16 VA, 15;『技術とは何だろうか』、一〇六ページ。

＊17 VA, 15;『技術とは何だろうか』、一〇六－一〇七ページ。

＊18 VA, 15;『技術とは何だろうか』、一〇八ページ。

＊19 VA, 17;『技術とは何だろうか』、一一〇ページ。

＊20 VA, 16;『技術とは何だろうか』、一〇八ページ。

＊21 VA, 16;『技術とは何だろうか』、一〇九ページ。

＊22 VA, 16;『技術とは何だろうか』、一〇九ページ。

＊23 VA, 17;『技術とは何だろうか』、一一〇ページ。

＊24 VA, 16-17;『技術とは何だろうか』、一〇九－一一〇ページ。

＊25 VA, 16;『技術とは何だろうか』、一一〇ページ。

＊26 VA, 17;『技術とは何だろうか』、一一〇ページ。

＊27 VA, 17;『技術とは何だろうか』、一一〇ページ。「他でありうるものに関わる知」という点ではフロネーシスも同じだが、ここでは措く。

＊28 VA, 17-18;『技術とは何だろうか』、一一一ページ。

＊29 VA, 18;『技術とは何だろうか』、一一二ページ。

*30 VA, 18;『技術とは何だろうか』、一一二ページ。

*31 VA, 18;『技術とは何だろうか』、一一二ページ。

*32 VA, 18;『技術とは何だろうか』、一一二―一一三ページ。強調は原文。

*33 VA, 21;『技術とは何だろうか』、一一七ページ。この語は、「ブレーメン講演」にも出てくる（GA79, 27, 29, 40）。

*34 VA, 19;『技術とは何だろうか』、一一三ページ。

*35 VA, 19;『技術とは何だろうか』、一一三ページ。Erschließen は、『存在と時間』の用語としては、「開示」と訳される言葉であり、「発見 Entdecken」と対に使われる。

*36 VA, 19;『技術とは何だろうか』、一一四ページ。

*37 VA, 19;『技術とは何だろうか』、一一四ページ。

*38 「電力全体主義」に関しては、拙著、『死を超えるもの 3・11以後の哲学の可能性』、東京大学出版会、二〇一三年、の第10章を参照。

*39 「リニア中央新幹線」の問題点については、拙著、『世代問題の再燃――ハイデガー、アーレントとともに哲学する』、明石書店、二〇一七年、の第十四、十五章を参照。

*40 VA, 18-19;『技術とは何だろうか』、一一三ページ。前出注32の引用箇所の続き。

*41 GA79, 27.

*42 Karl Jaspers, *Die Atombombe und die Zukunft der Menschen. Politisches Bewußtsein in unserer Zeit*, Piper, 1958, S.20; カール・ヤスパース、『現代の政治意識（上）』、飯島宗享、細尾登・訳、理想社、一九六六年、三四ページ。

*43 G, 18-19 = GA16, 524;『放下』、辻村公一・訳、理想社、一九六三年、二〇ページ。

*44 G, 18 = GA16, 524;『放下』、二〇ページ。

*45 G, 19 = GA16, 524;『放下』、二〇ページ。

*46 村田純一、「技術の創造性――ハイデッガーと技術の哲学」、山本英輔他・編、『科学と技術への問い――ハイデッガー研究会第三論集』、理想社、二〇一二年、所収、を参照。

第5章

救いとなるものとは何か

「技術とは何だろうか」講演（Ⅱ）

本書の中心となるべきテクスト「技術とは何だろうか」を、引き続き読み解いていく。
本章で中心となる概念は、「総かり立て体制」だ。
ハイデガーのこの概念は、20世紀の世界大戦での「総動員」や、
近代資本主義の拡大再生産システムを表わすだけでなく、
私たちの日常性のうちに遍在し定着している。そこでは、科学と技術が一体化し、
「作られるものとしての真理」が基本形になるという真理概念の変容が起きている。
そのようなテクノロジーの支配から自由になる歴史的転換は、
いかにしてありうるかという問いが立てられる。

1 「総かり立て体制」の意味するもの

「挑発」と「徴用」

前章で見てきたことを、ざっと振り返っておきたい。

技術を、たんに人間の役に立つ手段と見なすのではなく、隠されているものを明らかにし「顕現させる」という意味での真理の問題として捉えると、現代技術には、対象を純然と観察するのではなく、こちらから能動的にけしかけることによって、はじめて相手の反応を引き出し、それに乗じて、隠れひそんでいるものを引っぱり出し、むしり取るという、「挑発」のはたらきを見出すことができる。そのような暴露・発見の事例として、「石炭開発」、「電力開発」、ひいては「原子力開発」があり、いずれも自然を挑発するアプローチである。そんなふうにして次々に繰り出されているテクノロジー型の真理探究には、リスク管理といった了見ではとうてい間に合わない予見不可能な「危険」があり、まさにその極端な事例として「原子力発電所」の暴走を考えることができる。

こういったことを踏まえて、「技術」講演の読解を続けていこう。

すでに見た通り、ハイデガーは、「挑発 Herausfordern」と並んで、「徴用 Bestellen」というドイツ語を、技術論のキーワードに据えていた。

ドイツ語の「ベシュテレン」には、土地を「耕作する」という意味があるが、そのような「世話する」型の伝統農法とは「別の種類のベシュテレン」があり、それが「挑発」型の「徴用して立てる」

はたらきだ、と言われていた。たとえば、「機械化された食糧産業」。だがじつは、ベシュテレンというドイツ語には、さらにもう一つ重要な活用法があることを、ハイデガーは見逃がさない。この動詞の名詞形 Bestand がそれである。

人間というベシュタント

名詞「ベシュタント」は、辞書的には、「たくわえ、手持ち分、在庫、現在高」という意味である。動詞「ベシュテレン」には——土地を「耕す」という意味のほかに——品物を「注文する」「発注する」「予約する」という意味があり、その名詞形「ベシュタント」も、注文に応じて調達可能なようにあらかじめ取り揃えておかれた「備蓄」「ストック」という意味となるわけである。なお「ベシュタント」には、もう少し抽象的な「存立」「存続」という意味もあり、その場合は、「存立する・存続する」を意味する自動詞 bestehen に対応する名詞形と解される。こちらの意味もハイデガーは響かせて使っている。

ベシュテレンされるもの、もしくはベシュテレンされうるもの、という意味でのベシュタントは、たしかに「存立」し「存続」するものではあるが、注文に応じてそのつど投入されるべく、一時的にそこに待機しているにすぎない。足りなくなれば、すぐ補充される。余ってだぶつく場合には、調整や処分の対象となる。つねに流動的であり、あちこち流通し続け、臨機応変に可動的であるのが本来なのである。

そのように備蓄される可動在庫という存在性格を、たしかに「石炭」や「石油」、「電気」は備えている。そればかりではない。市場に流通している「商品」は、総じてそのような流動性をもっており、その意味では、資本主義的生産様式において拡大再生産されるモノの全般的なありようのことを、「ベシュタント」と解しても的外れではないだろう。しかもその場合、ベシュタントと見なされる「資源」には、モノのみならず、ヒトも含まれる。それゆえ、「人的資源」と解されるかぎりの人間一般、つまり労働力として供出可能な「人材」も、ひとしなみに「ベシュタント」と呼ばれる。

　ベシュタントをベシュテレンする「主体」は、人間ではない。人間もまたベシュテレンされるのであり、「自然よりいっそう根源的に」[*1]ベシュタントに属している。ハイデガーは「人材 Menschenmaterial」という言葉を持ち出しており、「森番」が「木材活用産業によってベシュテレンされる」例も引き合いに出している。[*2] 人材派遣や有期雇用といった活用形態がみるみる浸透するに至った労働市場で、人間はまさしく、そのつどの注文に応じて調達可能なように、あらかじめ取り揃えておかれたストックとなっており、ベシュタントそのものである。思うにこれは、つとにマルクスが「労働力商品」と呼んだ、資本主義下の人間疎外、労働者搾取のありかたと別物ではない。

　資本主義システムを考えても、か弱き労働者を搾取して私腹を肥やしてのさばる資本家という単純な図式は、もはや成り立たない。一般従業員に劣らず、会社役員も起業家も、取り替え可能な要員としてクルクル働く、れっきとしたベシュタントである。ひたすら利潤を追求し、拡大再生産していくために働かされるという点では、万人が平等であり、しかもそれは、労働者としてのみならず、消費者としてもそうである。何のために労働するのかといえば、消費するためということになるが、では、何のために消費するのかといえば、何のことはない、労働するためである。国民が大型連休を一斉にとるのは、休みの間できるだけ消費して新規の需要と雇用を生み出すためであり、要するに、景気をよくするためである。オリンピック開催も原発再稼働も同じである。景気がよくなるのは誰にとっても良いことだし、逆に、景気が悪くなるのは誰にとっても最悪なのだ。

もとより、個々人は自分のために働き、それで得たカネで自分のために遊んでいると、てっきり思い込んでいる。自分だけの世界で好きにやっているのだ、他人の干渉など受けない、と。べつに強制労働させられているわけではない、働くことは自分を輝かす「自己実現」なのだ、と。だがじつはその背後には、万人をそそのかして労働と消費のサイクルへと突き動かし、自発性をむしり取っては、代替可能な無数の断片として流通、回転、循環させている何ものかがひそんでいる。つまり、システムの全体を操り、「挑発」している主体が、一つ一つの歯車たる人間とは別にいる。それは誰か。あるいは何か。

「集-立」もしくは「総かり立て体制」

人間をかり立ててやまないこの操り手のことを、ハイデガーは Ge-stell と呼ぶ。[*3] ドイツ語で「ゲシュテル Gestell」とは、辞書的には、枠を持った構造という意味であり、たとえば、メガネのフレームとか、書架とかが、そう呼ばれる。人体の枠組み、つまり骸骨も「ゲシュテル」の一つだが[*4]、それは骨組みをもつ構造体だからである。ヒトとモノの一切を呑み込んでクルクル回転させるテクノロジー時代の巨大な枠組み全体のことを、ハイデガーがハイフン付きで「ゲーシュテル Ge-stell」と命名するとき、その言葉遣いにも「骸骨」の無気味なイメージがまとわりついているように思えてならない。

しかも、ハイデガーがこの語を現代技術の本質を表わす術語として据え置こうとするのは、この言葉の成り立ちに着目し、その含蓄を活かしてのことである。「ベシュテレン bestellen」という語にも含まれる「シュテレン stellen」は、「立てる」という意味の動詞である。「作る・制作する」という意味の「ヘアシュテレン herstellen」にも、「シュテレン」は含まれている。もう一つ、「思い浮かべる・表象する」という意味の「フォアシュテレン vorstellen」も同様である。制作するとは、「こちらへと立てること Her-stellen」であり、表象するとは、「前に立てること Vor-stellen」である。そのようなありとあらゆる立てるはたらき（stellen）が取り集められ、一つの総体となったもの、――「山 Berg」の集まりを「山脈 Gebirg」と言うようにドイツ語の名詞の前綴 Ge- には「集められたもの・集成」という意味がある――それが、「ゲーシュテル」なのである。

それゆえ、Ge-stell を「集－立」とそのまま訳すのも、一策ではあろう。ただ、どうしても日本語としての奇異さは拭えず、伝わってこない。そこで、この技術論のキーワードの含意を明示すべく、「総かり立て体制」と訳すことを提案したい（二〇〇三年に「ブレーメン講演」の邦訳を出して以来、私は現にそうしている）。この訳語は、世界大戦時代の時局語「総動員体制」を思わせるが、まさにそういう戦時を思わせる事態を言い当てる言葉として、ハイデガーは「ゲーシュテル」という語を用いているように思われる。

「総動員 die totale Mobilmachung」という言葉を打ち出して、第一次世界大戦ではじめて全面展開された総力戦のありようを定式化したのは、エルンスト・ユンガー（一八九五－一九九八年）であった。

ハイデガーは、同時代人ユンガーの論考「総動員」[*5]（一九三〇年）や著作『労働者』[*6]（一九三二年）を一九三〇年代に詳しく検討しており、そこでのキーワード「形態 Gestalt」にも着目している。ユンガーとの対決の中で Ge-stell という独自の用語が生み出されたことは、ハイデガーの後年のユンガー論からも明らかである。[*7]

「徴用」体制はどこまでも続く

ハイデガーの「ゲーシュテル」概念は、このように、近代の資本主義体制のいわば主体たる資本が、一切を商品化して拡大再生産に邁進し、とりわけ人間という労働力商品を流通、回転させているメカニズムを表わす面をもつのみならず、二〇世紀の世界大戦を通じて急速に発展した近代の「総力戦・全体戦争 der totale Krieg」における総動員体制を踏まえたものともなっている。ここで重要なのは、第二次世界大戦が終結したあとも、戦時下に構築されたシステムは、解消されずに、平時の日常性の構造のうちに定着し、その遍在性の度合を強めてきている、という点である。[*8] 万人を臨戦態勢へかり立てる総動員システム自体は、何ら終わっていない。一見ソフトに見える形で、いよいよ強固に支配を張りめぐらせている、その枠組み全体が「ゲーシュテル」と命名されるのだとすれば、この用語はやはり、「総かり立て体制」と訳されてよい。それはむしろ直訳に近いのである。

私が、総かり立て体制のもとでの Bestellen を――「用立てること」という訳語もあるが――「徴用して立てること」とわざわざ訳すのは、このような含意を持たせようとしてのことである。総力戦の時代には、戦争に役立つものは何でも「徴用」され、戦線に投入された。消耗すれば、また補給され、再投入された。備蓄確保のために「徴用令」が発せられると、軍事用に転化できるあらゆる物資が、私物であろうと、有無を言わさずかり集められる。この場合「徴用」されるのは、もちろん、武器や兵糧等の軍事物資だけではない。何にもまして、兵力となる人間たちが「召集令状」のもとに「徴兵」される。

それと同じことが、戦争が終わってもなお続いていると、ハイデガーはブレーメン第二講演「総かり立て体制」で語っている。「昨今では人びとは、男も女も労働奉仕にかり立てられることを余儀なくされます。人間が徴用して立てられるのです*9」。今日では、それこそ「一億総活躍社会」といったキャッチフレーズのもと、老若男女の労働への徴用プレッシャーはいっそう進んでいる。何が起こっているのかと言えば、まさにハイデガーの言う意味での「総かり立て体制」のもと、万人の「徴用して立てられた物資・徴用物資Bestand」化が、地球規模でますます進んでいる、ということである。

ハイデガーは、第一次世界大戦を二〇代で経験した戦中派に属する。それと同じ時代を生きたユンガーは、戦争体験に基づいて総力戦の時代の画期性を独自に捉えようとした。そのユンガーの議論から示唆を受けて、ハイデガーは、第二次世界大戦後に、「総かり立て体制」をキーワードとする技術論を発表した。そこには、二度の世界大戦を通じて後戻りできない仕方で飛躍的な進展を遂げたテクノロジーの巨大な影が映じている。もちろん、その中には核テクノロジーも含まれる。

とはいえハイデガーは、ユンガーの「総動員」論や労働者「形態《ゲシュタルト》」論を、ただなぞっているのではない。総力戦体制の問題をもっぱら扱っているわけでもない。そうではなく、みずからの哲学的思索のエッセンスを注ぎ込んで、「ゲーシュテル」論を彫琢している。別言すれば、「総かり立て体制」は、

時代	存在者概念	相関的はたらき	存在論的枠組
古代	実体（*ousia*→Substanz, Anwesen） 産出に由来する物象（Herstand）	制作して立てる （Herstellen）	ポイエーシス （*poiēsis*）
近代	対立的物象・対象（Gegestand） 客観（Objekt）	表象して立てる （Vorstellen）	主観・主体 （Subjekt）
現代技術	徴用して立てられた 物資・徴用物資（Bestand）	徴用して立てる （Bestellen）	総かり立て体制 （Ge-stell）

［図3］ハイデガーの見立てによる存在概念の歴史的規定

存在問題に属するのである。

2 存在論としての技術論

実体、対象、徴用物資

ゲーシュテルとは「立てることの集まり」という意味であり、その場合の立てることには、「徴用して立てる bestellen」のほか、「制作して立てる herstellen」や「表象して立てる vorstellen」というはたらきがあることは、前述した通りである。ヘアシュテレンも、フォアシュテレンも、等しくベシュテレンという形にして、無差別に取り集める総体が、ゲーシュテルなのである。語呂合わせのようなこうした言葉の響き合いは、ハイデガー一流の言葉遊びにとどまるものではなく、存在論的射程をもつ。

前章で（第2章でも）ふれたが、ハイデガーの見立てによれば、古代存在論、とりわけプラトン、アリストテレスにおいて、「存在するもの」は、物を作ること、制作（ポイエーシス）経験をベースにして理解されたという［図3参照］。「存在《ある》」とは、「制作されてある Hergestelltheit」という意味であった、とする大胆なテーゼである。この主張は、制作されたもの、たとえば家屋敷——ギリシア語では *ousia*、英語では substance、ドイツ語では Anwesen であり、「財産・不動産」の最たるもの——が、いったん作られるや「実体」としてどっしりと存在し続ける、というふうに考えれば理解できなくもない。根底に置かれたもの、という意味での伝統的「実体」概念を、ハイデガーは——第2章で見たように——「物」講演では、それ自体自立して立っているもの、つまり「自立的物象 Selbststand」と言い表わしていたが、それは同時に「産出に由来する物象 Herstand」だともされていた。

ただしここでの「産出」は、制作のみならず、自然的発生も含む広義のポイエーシスと解される。その点をひとまず措けば、「実体」という古代以来の「存在者」概念が、「制作して立てるはたらき」と相関的に理解されていることが分かる。

さらに、「物」講演は、古代的な「実体」と異なる、近代の「対象」概念についても語っていた。「対象 Gegenstand」とは、「対向して立っている gegenüberstehen」ものという意味であり、何に対してかと言えば、思考する私という「主観・主体 Subjekt」に対してである。主観に対して立つのが「客観 Objekt」なのである。その主観のはたらきこそ、「表象作用 Vorstellen」つまり「前に立てること Vor-stellen」にほかならない。主観がみずからの前に立てるかぎりで存在するものが、「客観・対象」なのである。

このように、デカルトからカントまでの近代哲学の流れにおいて確立された「主観−客観−図式」において、「対立的物象・対象」と相関的に理解されているはたらきが、思考する私の「表象して立てること・表象作用」なのである。

制作して立てられたものという意味での「実体」と、表象して立てられたものという意味での「対象」。こうした古代と近代の二大存在者理解を、ひとしなみに呑み込んで融解させ、あらゆる存在者を「同形で画一的 gleichförmig」[*10] なもの、ひいては「同価値でどうでもよい gleichgültig」[*11] ものに一括変換するのが、立てることの集まりたる「総かり立て体制」である。今や、ヒトとモノの一切が、「徴用して立てるはたらき Bestellen」の相関者として、「徴用して立てられた物資 Bestand」と化す。もっと言えば、各々は「徴用物資の総量を構成する断片 Bestandstück」[*12] となる。

ハイデガーが、「徴用物資」という言葉を使って、総かり立て体制下の存在者のありようを説明するのは、「実体」や「対象」といった古今の存在者概念と並ぶ、あるいはそれらを凌ぐ普遍性をそなえた、現代的な存在論的概念を言い表わそうとする試みだということが分かる。ここではもはや技術論は存在論に等しい、と言っても決して大げさではない。

存在の出来事としての総かり立て体制

真相をあばくはたらきに応じて、存在者の現われ方、あり方が規定されるという相関関係が、ハイデガーの現象学的存在論では必ず置き据えられる。「顕現させること」の一つとして技術を数え入れることは、技術を真理の問題として捉えることを意味するが、それと同じ理由で、現代技術によって一切の存在者が普遍的に徴用物資と化していること自体が、存在論の真正のテーマとなる。「有るといえるもの」の現代的探究が、ベシュタントという、実体でも対象でもなく有るとも無いとも言いがたいモノに行き着くのは皮肉な話だが。

ところで、ここでふと気づくことがある。「有るといえるもの」への問いが、俄然、歴史的な性格をおびてきているという点である。

かつて、「存在とは何か」と問うことは、時代によって浮き沈みするような移ろいやすいものではない、「真に存在するといえるものとは何か」と問うことと一つであった。だからこそ、永遠不動の本来的存在者として「神」が想定されたり、どっしりと存在する「家屋敷《ウーシア》」という言葉から「実体《ウーシア》」概念が鋳造されたりしたのである。地上の生成消滅するものの彼方に、常住不滅のイデアという「真実在《ウーシア》」を探究しようとした、プラトン以来の形而上学のスタイルは、どう見ても無時間的・非歴史的であった。

それとは異なるスタイルをとる近代哲学においても、存在論にしろ認識論にしろ、原理的と名乗る以上は、非歴史的なものと考えられた。普遍的懐疑の果てに唯一確実に存在するといえるものとしての「われ思う」、つまり純粋思考実体は、無時間的な形式一般でなければならなかった。ただし、デカルト以降、主観性に定位してきた近代哲学の展開、とりわけカント、ヘーゲルにおいて、時間や歴史の概念が、認識論のみならず存在論に食い込んでくることは不可避であった。

ハイデガーの存在論においては、まさに「存在と時間」というテーマ設定が前面に躍り出ている。ただし『存在と時間』では、「時間性」も「歴史性」も、じつは奇妙に非歴史的な概念である。本来性と非本来性の様態をとりうるとされる「実存カテゴリー」はどれも、歴史的変遷を蒙ることのない遍時間的、超時代的な存在規定なのである。

だが、ハイデガーの思索は一九三〇年代以降、「歴史的省察」の度合いを強めていく。存在理解そのものが、歴史的変遷において語られるようになる。古代ギリシアにおける原初が、その後、二千年以上にわたる形而上学の歴史を閲《けみ》してどのように終焉を迎えてきているか、かつ、その終わりに臨んで「あらたな始まり」がいかにして開かれるか、が問題となる。第二次世界大戦を経てハイデガーの打ち出した技術論では、「あらたな始まり」論は一見影をひそめる一方、それに代わって前景を占めるようになるのが、総かり立て体制の支配に「運命の巧みな遣わし **Geschick**」[*13]を見出す大がかりな歴史観である。そこでは、「歴史《ゲシヒテ》 **Geschichte**」は、巨視的な「ゲシック」のほうから捉え返される。

Geschick というドイツ語は、**Schicksal** という言葉と似て、「運命」を意味する言葉だが、もう一つ「巧みさ・器用さ」という意味もある。その系列の **Geschicklichkeit** は、一義的にそういう意味だし、形容詞 **geschickt** も「器用な・巧みな・手際のよい」という意味である。いずれも、もとは「送る・遣わす」という意味の動詞 **schicken** から来ている（再帰用法 **sich schicken** は、「順応する・適応する」の意）。これらの意味合いを含み込んだ「ゲシック」に見合う訳語として、「運命の巧みな遣わし」をあてるゆえんである。

総かり立て体制は、主体としての人間が意図的に設計した構築物ではなく、人間もその一部である万物を徴用して立てる枠組みの総体である。その出現は、存在とは何を意味するかをめぐる何千年にもわたる歴史的動向のなかでおのずと生じてきた、いわば存在の出来事なのである。人間に遣わされ、送られたものであり、それでいて、人間にはいかんともしがたい必然的定めというよりは、そのめぐり合わせを耐え忍び、持ちこたえることで、何らかの「転回」が開けてくる可能性をやどした、巧みな贈り物なのである。

では、その場合の「転回」とは何を意味するのか。これを最終的に考える前に、まず、この特異な運命論においていったい何が語られているのか、考えてみよう。すると、これは「存在と真理」をめぐる歴史的ヴィジョンだということに気づく。

存在の歴史、真理の出来事

真相をあばいて顕現させる仕方に応じて、存在者の現われ方、あり方は規定される。真理と存在のこの相関関係が多様でありうることを、アリストテレスは古典的に定式化していた。そこでは、学問（エピステーメー）と技術（テクネー）の区別に応じて、必然的で本質的な事柄と、偶然的で事実的な事柄とは、別々の存在領域をなすとされた。だが、近代になると、その区別は撤廃されて、科学知と技術知はドッキングし、ここに科学＝技術が成立する。テクノロジー型の探究にあっては、存在者は「挑発」に応じてみずからを示すようになる。近代知の成立と発展そのものが、存在にかかわる歴史的生起なのであり、そこに姿を現わしてきた総かり立て体制は、真理をめぐる出来事なのである。

存在とは何かという問い自体が、一つの歴史的な問いとなる。それとともに、真相をあばくはたらきもまた、永遠不変の本質をひたすら眺める「直観」というより、そのつどの技術水準に応じて相手をけしかけ、その気にさせて本性をむしり取ることを事とするようになる。真理のあり方そのものが変容をきたし、変転を繰り返すものとなった。

では、ここでは存在論は意味を失うのだろうか。否、逆である。総かり立て体制という仕方での存在の支配こそが、まさに問題なのだ。真理との相関において存在を問い尋ねる探究は、現代の技術時代においてこそ、その本領を発揮するのである。

3 総かり立て体制の原動力

「作って－見る」のドッキング

現代技術において起こった真理の出来事の意味を熟考するには、いったん歴史に遡らなくてはならない。近代における真理概念の変容を再確認することにしよう。

第1章以来見てきた通り、アリストテレスにおいて、本質的事柄を探究するエピステーメー（学問）は、原理をじかに摑むヌース（直観）と一つになって、理想的な全知であるソフィア（知恵）を形づくるとされた。ギリシア語の「エピステーメー *epistēmē*」は、ラテン語では「スキエンティア scientia」と呼ばれ、近代語では「学問・科学 science, Wissenschaft」に相当する。この伝統的区分では「科学」は「技術」と根本から別物とされ、制作に関わる知テクネー（技術）は、学問の埒外に置かれてきた。学問的真理は、隠されたありさまから隠れなきさまへもたらされることはあっても、人間が小賢しく作り変えたりできるものではなく、ましてや、新しく作り出されることなどありえないものだった。古来、学問が探求するに値する真理とは「おのずと現われるもの」であり、人間はそれに干渉してはならなかった。人間にできることはせいぜい、与えられるがままの真理をその通りに見ること、つまり、直観することであった。

これに対して、挑発という仕方で顕現させる現代技術はどうだろうか。

現代の科学研究では、どんな分野であれ、あるがままにじっと見てとるだけでは、何も始まらない。

受容的態度どころか、能動的、挑戦的な態度で臨み、策略を弄して相手をけしかけ、力ずくで引きずり出し、本性をさらけ出させることが肝要なのである。観測器具や実験装置という知的武器を重装備して、相手をそそのかし、おびき出し、あの手この手を使って正体をあばき出すこと、これぞ「挑発」にほかならない。

ここでは、学問知(エピステーメー)と技術知(テクネー)はとっくに一体化している。言い換えれば、見ること(テオーリア)と作ること(ポイエーシス)は別物でなくなっている。見るとは、まさに「作って―見る」ことなのだ。真理は、あるがままにおのずと現われるのではなく、人間が能動的にアプローチする作為・計略に応じて、あみ出され、新たに作り出されるものとなる。その意味での「作られるものとしての真理」こそ、科学と一体化した現代技術ならではの真理の基本形にほかならない。

このように、科学＝技術という意味でのテクノロジーの成立とは、真理概念そのものの全面的変容を意味するほどの知的大変革が近代に起こったということを意味する。それはまさに「科学革命」と呼ぶにふさわしいものだった。ただし、総じて革命は、いったん起こってしまえば当たり前に見えてしまう。われわれ現代人は、観察と制作が結びついた観測や実験こそが「科学的」だと、もはや信じて怪しまない。だが、そうした「作って―見る」のドッキングは、伝統的には、職人的熟練を哲学的探究と一緒くたにする非学問的混同だとされてきたものであった。

「為すこと」のゆくえ

現代では、「挑発」という科学技術の真理探究スタイルが自明になりすぎて、そうでない研究のあり方はすべて「非科学的」の烙印を押されてしまうほどである。伝統を継承する人文学の知のあり方には、「あるがままの真理を見てとる」受け身的なスタイルがいまだに残存しているが、だからこそ無用の長物と見なされるのである。

古典の精読を事とし、永遠不変の真理にあやかるといった古色蒼然たる非生産的態度ではなく、これまでにない道具や機械の発明と一体となって新しい真理を発見し、ひいては現実の世界を変革して歴史を創造しようとするのが、テクノロジー型の活動的真理探究である。だとすると、ここではテオーリア（見ること）とポイエーシス（作ること）とが、一体となっているだけではないことに気づく。テオーリア（見ること）とプラクシス（為すこと）との区別が、とっくに無効化しているのだ。

古代の哲学者のあこがれであったソフィア（知恵）は、エピステーメー（学問）のみならず、ヌース（理性）を具備するものだとされた。ヌースとは、万物の原理をじかに見てとる理想的な純粋直観能力を意味した。たとえば、「美しいもの」は、感性的に眼前に与えられたものを知覚することによって見てとれるが、「美しさそのもの」つまり「美のイデア」の場合、感性的な個物を超えた美の本質なるものが、「理性《ヌース》」によってはじめて見てとられるのだという。そこには、おのずと現われるものをその通りじかに受けとることが知の理想だとする、「現われるものとしての真理」観があった。

そして、まさにこの「直観真理」の考え方が、テクノロジーの「作って－見る」型の真理探究の登場によって決定的に無効とされたのである。それに代わって、科学技術時代には「作られるものとしての真理」が支配的となった。

では、直観はまったく意味を失ったかというと、必ずしもそうではない。見ること（テオーリア）に徹する理論理性、つまり純粋直観（ヌース）の理想は失われたものの、為すこと（プラクシス）にそなわる実践理性、つまり「フロネーシス」と呼ばれる行為的直観が、かつてとは文脈を異にする場面で、急浮上してくる。

「理論《セオリー》と実践《プラクティス》」という旧来の二分法の原点に位置しているのは、アリストテレス『ニコマコス倫理学』のテオーリア（観照）とプラクシス（行為）の区分である。第1章で見た通り、この二大活動様式に対応するのが、ヌース（純粋直観）とフロネーシス（行為的直観）という二通りの直観であった。この場合、ヌースが、哲学者の理想とする知的徳だとすれば、フロネーシスは、政治家の理想とする知的徳とされたのである。

行為者が今ここで何をなすべきかを摑み、それをなし能う実践理性が、フロネーシスである。そして、その力量を現に発揮してなされた行為が、この地上に「新しい始まり」をひらく。そこにおのずと生じた出来事が、新しい時代を生み出し、人間の歴史を形づくってゆく。この役回りを演じるのが、政治家であり為政者であると考えられた。

現代において、新しい始まりをひらく行為者の役回りを演じているのは何者だろうか。それはもはや政治家の特権ではないし、現実政治に中心があるとも言えない。新しい時代を切り拓くと考えられているのは、ほかでもない、科学技術の発展である。その場合、個々の研究者が歴史的ドラマの主役であるとはかぎらない。物的、人的資源をかり集め、かり立てて巨大な研究プロジェクトが動くとき、それが全体として、スケールの大きな一個の「行為・活動 action」となっているのである。

アクションと化した科学技術

政治的主体が、行為的直観をはたらかせてあっぱれな行為を為し遂げ、大いなる出来事の主役となって歴史を実らせてゆく――これが旧式の行為モデルだったとすれば、今日では、それと似て非なる「行為」が大々的に演じられている。科学と技術の融合したテクノロジーを主力する共同事業が立ち上げられ、画期的な新発見や新発明がもたらされ、歴史が次々に塗り替えられてゆくというのが、現代世界に特有な新しい「行為」の型である。そこでは、科学技術はもうとっくに「アクション」と化している。

テクネー（技術）と合体したエピステーメー（科学）は、同時に、フロネーシス（行為的直観）でもあろうとする。今まさに何を為すべきかという好機を捉え、大胆な「挑発」に打って出る、新式のアクションとしての科学技術は、「新しい始まり」を志向している。テクノロジーは一種の「革命志向」を内蔵しているのである。もっとありふれた言葉では、「技術革新」であり「イノヴェーション」である。科学技術上の新機軸でもって、この世で新しい何事かを為し遂げ、新時代を出現させることが目論まれているのである。

「新しい時代 the modern age」を自称する近代という時代は、じっさい、歴史を先導する科学技術のパワーによって突き動かされ、切り拓かれてきたことが分かる。この点を、ハイデガーの挙げている事例を手がかりにして考えてみよう。

新しい存在者の創造

「挑発」という用語を導入する文脈で、ハイデガーは「動力機械技術」という事例を持ち出していた。[14]化石燃料にもとづく蒸気機関の発明、さらには電力開発がモデルに据えられていた。「自然をそのかして、エネルギーを供給せよという要求を押し立てて、そのエネルギーをエネルギーとしてむしり取って、貯蔵できるようにすること」——これが、まずもって「挑発」とされた。「産業革命」と呼ばれる事態が、世界史を動かしてきたのは周知の通りである。だがハイデガーが、「挑発」という現代技術に固有な顕現させるはたらきを語るとき、暗にモデルとしていたのは、それだけではなさそうである。一連のエネルギー開発の果てに起こった超特大の出来事が、挑発としての真理探究の範型をなしているように思われる。その出来事とは、元素の挑発である。つまり、原子核を攻撃し、隠された本性をあばき出すという、最高度に理論的な実験である

物質の究極の構成要素のレベルで、所与の自然的現実を作り変え、まったく新しい存在者を人工的に作り出すという原子核物理学のスタイルは、まさに「挑発」そのものである。元素の挑発により新元素の創成にまで乗り出すこのプロジェクトの革命性に想到するには、それに類する他の「存在者の創造」の画期的事例を思い浮かべてみればよい。

セルロース、ナイロン、テクネチウム、プルトニウム

ハイデガーは「技術」講演で、「セルロース」[15]という例を挙げていた。セルロースとは、一九世紀に発見された天然の高分子化合物で、森林から伐り出した木材を原料として抽出される。そしてそれ

をもとに紙が作られ、新聞や雑誌が大量に流通する。森番は、先祖代々の森を大事に守るというより、今日、セルロースを化学製造する「木材活用産業」に徴用された労働者、つまり「人材」となっているというのである。

ここで、もう一つ別の例を挙げよう。木材から抽出されるセルロースと違って、「ナイロン」という合成繊維は、天然には存在しない。化学式にもとづき分子レベルの合成を考案され、一九三五年に開発された人工の高分子化合物である。[*16] 当初、絹の代わりに女性用ストッキングに用いられ、次いで、繊維業界は天然繊維から合成繊維へ爆発的に移行した。こうして、人類の衣服の歴史が一挙に書き換えられることとなった。

同じ頃、元素レベルでの新開発が始められていた。分子どころか、原子という「分割できないもの」を分裂させてみる、という大胆な「作って‐見る」の企てである。

原子核の実験は、すでに一九一七年、アーネスト・ラザフォードが窒素原子核の破壊に乗り出した時点で着手されていた。「私は、今、原子を人工的に壊す実験にとりかかっています。もし、これがうまくいくと、戦争などよりはるかに重要なことになると思います」[*17] とは、第一次世界大戦当時のラザフォードの発言である。元素の挑発を事とするこうした攻撃型真理探究は、一九三六年、加速器による四三番元素テクネチウムの生成をもたらす。技術《テクネー》が最初に生み出した人工元素であった。ひいては第二次世界大戦中、核分裂によって莫大なエネルギーを解放させる原子爆弾開発プロジェクトが開始されることになる。その一歩手前の一九四〇年冬、エドウィン・マクミラン、グレン・シーボーグらが、九二番元素ウラン衝撃により、九三番元素ネプツニウムと九四番元素プルトニウムという超ウラン元素の生成に、はじめて成功する。しかもプルトニウム－二三九は、半永久的に放射能を発し続ける新元素だという超おまけ付きだった。

地上にはまず起こりえなかった原子核反応を引き起こし、かつ地球にはほぼ存在しない元素を人工的に生成させることは、同時に、人類がそれまで垣間見たことのない大規模な爆発力を、人工的に「顕現させる」ことでもあった。自然エネルギーを超え出た、いわば宇宙エネルギーがこの地上に解き放たれたのである。

この「挑発」行為は、人類史上未曽有の事件であり、新しい始まりであった。その破壊的衝撃力は、パンドラの箱のように、さまざまなものを地上に生み出した。そしてそれは、ハイデガーのテクノロジー論を方向づけるものともなった。

総かり立て体制の原動力

人間の行なう真理探究が、テクノロジーという形態をとって、歴史を塗り替えてしまうほどの凄まじい威力をもつに至ったのである。このことは人知の勝利を意味するであろうか。理性の凱歌と言えるだろうか。その点を冷静に見極めなければならない。

大量の研究者をかり立てる国家規模の事業、いや地球規模のプロジェクトは、元祖マンハッタン計画からしてそうであったように、個々の人間のコントロールを優に超えており、非人称の巨大自動装置と化している。もちろん、特定の科学者の名前が顕彰され、歴史に刻まれることもあるが、システム全体の中での取り替え可能な部品、断片となっている点では、他の労働市場の「人材」と変わらない。誰が操っているわけでもなく、誰もがそれにかり立てられている官産学一体の徴用システムは、まさに「総かり立て体制」と呼ばれるにふさわしい。ハイデガーが「ゲーシュテル」と名づけたモノとヒトの巨大収奪機構は、元素の挑発に乗り出した核時代のテクノロジーの動向をよく表わしている。

では、個々の研究者を超えてこの体制を突き動かしている原動力は何だろうか。

現代の科学技術は、それが挑発という顕現のさせ方を事とするかぎり、たしかに真理探究によって動機づけられており、ニーチェ的に言えば「真理への意志」によって駆り立てられている。もとより、そこには利便性や安全性、あるいは金儲け、利害関心、景気浮揚、国家的威信といったさまざまな意図がうごめいているが、それだけで動いているわけではない。一つには、事物の隠された本性を何としても覗き見したい、という根源的知的欲求がそこに働いている。しかし、そう言ってもまだ足りない何かが、もう一つそこにはある。そう、神のごとき全知全能をめざし、あわよくば神に取って代わろうとする「力への意志」が、そこには見出される。しかもこの「超人」志向は、まさに個人を超えたところで、人類規模で作動している。別の言い方をすれば、大いなる出来事を引き起こし、新しい始まりをひらいて、世界を変革しようとする革命家の野望のごときものが、そこには見え隠れしている。新しい存在者を創造し、ひいては新時代を創出しようとする「革命」志向が、科学技術の根底にはひそんでいるのである。

知恵《ソフィア》と知慮《フロネーシス》を兼ね備えた技術《テクネー》。見ること《テオーリア》とかつ為すこと《プラクシス》であるような作ること《ポイエーシス》。この三位一体的な複合体《コンプレックス》が、総かり立て体制の原動力をなしている。古来、人間は、「理性的動物」だとか「ポリス的生き物」だとか「工作人《ホモ・ファーベル》」だとか、さまざまに定義されてきた。そうした定義の試みからつねに逃れてきたこの存在者の謎めいた多面性が、ついに一つにドッキングして巨人的進化を遂げた超存在者こそ、「ゲーシュテル」だと言うべきかもしれない。天・地・神・人に代わって、宇宙出身の超獣が地球を席捲しつつあるかのようである。

4 危機と転回――「救いとなるもの」とは何か

現代技術の「危機」

ハイデガーによれば、総かり立て体制において、人間はもはや主体ではなく、徴用物資としてかり立てられているにすぎない。むしろ、挑発という顕現させるあり方は「運命の巧みな遣わし Geschick」によって歴史的に人間に贈られてきたものなのである。ただしこれは、宿命論でも歴史的必然論でもない。むしろ、運命の巧みな遣わしに身を開くとき、はじめて「自由な広野」が開けてくるのだという。*18

とはいえ、この「自由」は何ら約束されたものではない。運命の巧みな遣わしにすっかり身を委ねて徴用のみを事とするようになるか、それとも、挑発という顕現の仕方を真理の問題として受け止め、ついには「顕現させるはたらきに用いられつつ聴従するという帰属性を、顕現の本質として経験できるようになる」*19かという、二つに一つの可能性の前に、われわれは立たされているのだと、ハイデガーは言う。そのような可能性が待ち受けていること自体、「危機 Gefahr」を意味する。「運命の巧みな遣わしが総かり立て体制という仕方で支配をふるうとき、それは最高の危機なのです[20]」。

技術に関してGefahrということが語られるとき、ふつうこのドイツ語は、「危険」と訳される。英訳ではdangerであり、ますますそう訳したくなる。だが、ハイデガーは、Die Gefahrをまさにタイトルに掲げるブレーメン第三講演で、この言葉をその語源faraに遡って、「待ち伏せて追い立てることNachstellen」[21]という意味に解している。獲物を待ち伏せするかのように潜伏するこの追い立てること《ナハシュテレン》も、総かり立て体制《ゲーシュテル》には含まれている。かくかくしかじかの「危険」に脅かされているというより、総かり立て体制そのものが、いわばわれわれのあり方を窺い、付け狙って、瀬戸際に追い込み、態度変更を迫ろうとしているかのごとくであること、それが「最高の危機」と呼ばれているのである。

逆転のシナリオは何を意味するか

そればかりではない。ハイデガーは、「総かり立て体制が支配するところ、最高の意味で危機があるのです」[22]としつつ、その「危機」とセットで「転回」について語る。ブレーメン講演の第四講演「転回 Die Kehre」で引かれたヘルダーリンの詩（後期の讃歌「パトモス」）の一節が、「技術」講演でも援用される。

「だが、危機のあるところ、
救いとなるものもまた育つ[23]。」

危機がギリギリのところまで行き着いたとき、急に向きが変わって事態は一変し、「転回」を迎える、という逆転のシナリオである。これは一体何を意味しているのだろうか。

技術論の最後のヤマ場で、詩人の謎めいた詩句をいきなり持ち出して思わせぶりな終わり方をして人を煙に巻くというレトリック。私はずっと――やや個人的な言い方になるが――この締めくくり方が好きになれなかった。哲学者が予言者気取りするのはやめた方がいい、とひそかに思ってきた。

芸術による救い？

ここで「救いとなるもの」と言われているのは何かについて、すぐ憶測できそうなこと――これも、私は正直、好きになれなかった。「芸術による救い」がそれである。

ハイデガーは、ヘリダーリンの言葉を解釈しつつ、「かつてテクネーという名称をおびていたのは、技術だけではありませんでした」とし、こう続ける。「かつては、輝き現われるものの輝きへと真理をもたらす、かの産み出して顕現させること、〔…〕真なるものを美しいものへもたらす産み出すはたらきも、テクネーと呼ばれていました。芸術というポイエーシスも、テクネーと呼ばれていたのです[*24]」。前後の文脈からすれば、「芸術」、なかんずく「詩作 Poesie」こそ「救いとなるもの」だ、と示唆されているように見える。

芸術とりわけ詩が、挑発とはまた別の仕方で顕現させる独特のあり方だということは、私としても、もちろん認めるにやぶさかではない。芸術のゆくえが、現代における真理の問題に関わることも、大いにありえよう。だが、古代ギリシアならいざ知らず、現代大衆社会において、芸術はせいぜい、労働者=消費者にとっての心の慰めにすぎず、下手をすると総かり立て体制の潤滑油にとどまっているという現状も、直視しなければならない。少なくとも、芸術や詩に一発逆転の「転回」が待望できるとは思えないのである。[*25]

原子力の「転用」?

ところで、それとはまた別の、いっそう気の乗らない解釈がありえなくもない。

ハイデガーは、つとにふれたように、道具主義に立脚した技術中立論には批判的だが、「技術」講演が大詰めを迎えると、おもむろにこう言い出す。「技術の本質は、高次の意味で両義的なのです。そのような両義性は、あらゆる顕現の、すなわち真理の秘密を指し示しています[*26]」。技術の本質のこの「両義性」を重んずるなら、総かり立て体制の由来を形づくる核テクノロジーそれ自体が、ある種の「転回」の可能性をもつと言えなくもない。つまり、「原子力の平和利用」がそれである。

前章でも強調したように、当時多くの人びとが、この「転用」可能性は人類にとっての前途有望な活路となりうると信じた。原爆の惨禍が痛ましいものであればあるほど、それだけ原子力の平和利用は人類の将来にとって救いとならねばならぬと、生き地獄の光景をくぐり抜けてきた者たちは、すがるような思いで希望を見出したのである。

とはいえ、これまた前章で確認したことからして、ハイデガーが原子エネルギーのこの転用可能性をほのめかして「転回」を語った、と解することには無理がある。しかもそれは、当時はまだそんなこと考えも及ばなかったからではない。逆である。

一九五三年一二月八日、アイゼンハワーが国連で行なった「アトムズ・フォー・ピース」演説を転換点として、アメリカは「原子力の平和利用」路線を世界戦略の柱として推進していく。ハイデガーがその直前の一一月一八日に行なった「技術」講演で、「……ウランは原子力に向けてかり立てられます。その原子力は、破壊または平和利用のために放出されうるのです」と語り、破壊と平和利用を「または oder」でつなげて事もなげに並置している点も、すでに確認した。ハイデガーに言わせれば、破壊にしろ平和利用にしろ、原子エネルギーをかり立てるシステムの内部で動いている点では、大同小異なのだ。

これを十把《じっぱ》ひとからげの暴論と考える向きもあろうが、私はじつに卓見だと思う。少なくとも、「原子力の平和利用」という言葉の魔力にたちまち眩惑されて、そこに救いがあると信じた人びとが多かった中、事態を大局的に見ていたと感心する。一九五五年の講演「放下した平静さ」での「檻を破って暴走する危険」云々の指摘の先見性も、思い起こされる。ハイデガーは、「原子力の平和利用」問題を軽く見ていたのではない。むしろ、原子力発電の制御可能性への問いを驚くほど敏感に受け止めていたのである。

だとすれば、そのハイデガーが、原子力の平和利用という「転用」を、現代技術の「転回」として待望していたとは、到底考えられない。

さて、それでは、「救いとなるもの」をわれわれはどう解すればよいのか。

3・11の出来事？

かつて私は、この「救い」に関して、めぼしい解釈も思い当たらなかったし、そもそもさしたる関心も寄せていなかった。だが、あるとき突然、「ああ、これだ！」と閃くものがあった。二〇一一年三月、東京電力福島第一原子力発電所が「暴走」する光景をテレビで眺めて、原発建屋の外壁が水素爆発でもろくも吹っ飛び、骨組み――まさに「ゲシュテル」――が露呈した無気味な姿に見入り、戦慄に襲われたときのことである。ああ、これこそギリギリの危機だ、これで「転回」が起こるに違いない、とそのとき心底思った。

私のこの見立てはどうなったか。幸か不幸か、もののみごとに外れた。

大破局から八年以上経った今日、あたかも過酷事故など何もなかったかのように、どこ吹く風で原発は再稼働し、原子力エネルギー堅持路線は続いている。

もちろん、何も変わらなかったというのは真っ赤なウソである。3・11がなかったら、それ以前の安全神話のまま、日本列島に原発百基が所狭しと立ち並んでいたことだろう。むごい経験をくぐり抜けて私たちの問題意識が格段に変わったことは、誰も否定できないし、否定する必要もない。3・11の出来事は、時代に裂け目を確実にもたらした。だが、そうした変化と、ハイデガーの語った「転回」とは、似て非なるものである。

5　もう一つの「転回」の可能性

原子爆弾の爆発で何が変わったか

やはり「転回」の可能性など考えるだけムダだ、と思わないでもないが、気を取り直して、もう一歩思案を進めよう――ほとんど妄想の域に入ることを覚悟のうえで。

二〇一一年の福島第一原発事故と、その後の顚末は、一九八六年のチェルノブイリ原発事故と、それがあたかもなかったかのように遇されたケースのぶり返しに思えてしまう。だが、当時われわれは、もう一つ既視感のようなものをどこかで覚えた。そう、一九四五年八月、わが国に原子爆弾を二発落とされたことが、ダブって見えたのである。

それればかりではない。核テクノロジーの問題をとっくの昔に、いやというほど突きつけられたのに、それでもその大問題を思索の事柄には据えてこなかった私たちの怠慢に、今さらのように気づかされたのである。

では、二発の原子爆弾の爆発によって、何が変わったのか。

いや、それはもう、3・11とは比較にならないほど、世界は一変した。その空前の出来事とともに、いわれわれの暮らす現代世界が始まった、とすら言えるほどである。かくて一変した世界において、いきなり「冷戦」が幕を開けたこと、そしてその構図が二〇世紀末にいったん終結してなお、核テクノロジーによって現代世界が規定され続けている点では何一つ変わっていないことは、これまで述べてきた通りである。

それと同じ理由で、もう一つ巨大な画期《エポック》がそこにはあった、と私は思わずにいられない。戦争なるものが、人間にとって総じて意味を失った、ということである。

戦争の神は死んだ

一九世紀末、ニーチェは「神は死んだ」と宣告した。その真相は不明だが、しかし少なくとも、こうは言えるだろう。二〇世紀半ば、戦争の神は死んだ、と。つまり、核兵器という最終絶滅手段を人類がついに手に入れたことによって、戦争することの意味が抜け落ち、戦争の空しさが人類の共通認識となった。

戦争の神は、ギリシア神話ではアレス、ローマ神話ではマルスと呼ばれ、戦《いくさ》が神々しく神聖なものであることの象徴であった。日本人は無宗教だと嘯《うそぶ》くわれわれは、「軍神」や「聖戦」といった言葉が威勢よく飛び交った時代のことをとうに忘れているが。

神的であったはずの戦争を一挙に無意味たらしめ、戦の神を葬り去ったのが、原子爆弾の劫火であった。一切を虚無化させる戦争に乗り出すことに、もはや何の意味もない。

急いで付け加えると、だからといって、世界平和が人類に約束されるに至った、などと言いたいわけではない。ニーチェにおいても「神の死」は問題の終わりを決して意味せず、むしろ「新たな戦い」の始まりを意味するものだった。以後、何千年も続く「神の影」との戦いの時代の幕開けを告げる言葉が、「神は死んだ」なのである（『愉しい学問』一〇八番「新たな戦い」参照）。それと同じく、「戦争の神は死んだ」とは、人類が戦争の可能性から解放されたことを、何ら意味しない。逆である。もはや神的でも何でもない最終絶滅戦争の可能性との付き合いが、ようやく始まったということなのであり、しかも、その付き合いはおそらく未来永劫続くのである。

絶滅への共同存在と、戦争の無意味さの顕現

現に、第二次世界大戦という究極の戦争ともおぼしき大殺戮ののちにも、戦争が地上から消えてなくなることはなかった。今日なお戦争は起きているし、これからも続くだろう。そればかりではない。人類はたえず核戦争の可能性へとさしかけられており、その意味では、むしろ「戦争状態」が「平時」となった。トマス・ホッブズの言う「自然状態＝戦争状態」が、現代世界の常態なのである（拙著『死と誕生』第二部第一章を参照）。東西冷戦が終わったとは言えても、「絶滅への共同存在」という根本条件から人類が脱することは、歴史の続くかぎりないだろう。

われわれはこの地上で平和を戦いとるべく差し向けられており、そのことはいつの時代も同じである。「戦争の神の死」は、戦争の終焉とはまったく別の事態を意味する。

それはそうなのだが、それでもなお、広島と長崎の街が一瞬にしてこの世の地獄と化して以来、国と国との戦争を積極的に意味づけることは、もはやわれわれにはできなくなった。原爆の惨禍は、それほど空前絶後の無意味さをこの世に顕現させたのである。

それは、もはや後戻りできない人類史の裂け目の一瞬であった。

核テクノロジー時代の憲法

そして、まさにそのまれな顕現の瞬間に生まれ落ちたのが、日本国憲法であり、その戦争放棄、戦力不保持、交戦権否認の条項であった。核テクノロジー時代には戦争の意味づけが決定的に抜け落ちることが、一国の憲法の条文に公然と書き記されたのである。

一九四六年一一月三日に公布、翌四七年五月三日に施行、という迅速さは、日米合作のこの新しい時代の宣言が、両国間の戦争の落とし子であったことを物語っている。その誕生の出来事は、アメリカ独立宣言（一七七六年）やフランス人権宣言（一七八九年）に匹敵する世界的意味をもちうるものかもしれない。少なくとも、インパクトの強烈さでは、同時代の世界人権宣言（一九四八年）に勝るとも劣らないであろう。

その歴史的な瞬間自体は、しかし地上に閃いたかと思うと、やがて閉ざされたかのごとくである。現に一九五〇年の朝鮮戦争勃発以来、これまた日米合作で再軍備路線がとられ、増強に次ぐ増強を重ねている。なにより、アメリカ軍――世界最強の「戦力」――駐留の無期限延長という事実そのものが、戦力不保持の条文を裏切り続けてきた。

そして今日では、かの一瞬の裂け目自体が忘れ去られようとするかの勢いである。

しかしそれでもなお、最高の危機にギリギリ臨んで、そこに「転回」の可能性が芽生えたこと、しかも、その芽が七〇年にわたって育まれてきたことは、否定できないし、否定する必要もない。その「救い」の萌芽をさらに生育、開花させる政治哲学の可能性、その好機が今ここで摑みとられてよいのだ。核時代のテクノロジー論の真正のテーマがここにある。

*1 VA, 21;『技術とは何だろうか』、一一八ページ。

*2 VA, 21;『技術とは何だろうか』、一一八ページ。

*3 VA, 23;『技術とは何だろうか』、一二〇－一二一ページ。

*4 VA, 23;『技術とは何だろうか』、一二一ページ。

*5 邦訳は、エルンスト・ユンガー、『追悼の政治　忘れえぬ人々／総動員／平和』、川合全弘・訳、月曜社、二〇〇五年、所収。

*6 エルンスト・ユンガー、『労働者　支配と形態』、川合全弘・訳、月曜社、二〇一三年。

*7 ハイデガー全集第九巻『道標』所収の「存在の問いについて」（一九五五年）――創文社版の辻村公一訳のタイトルは「有の問へ」――参照。今日では、一九三〇年代以来のユンガーとの対決を示す遺稿が、全集第九〇巻『エルンスト・ユンガーについて』として収集、出版されている。

*8 敗戦国からすると、終戦を境に世界は一変したと思いがちだが、戦勝国では同じ体制が温存される。しかも戦後秩序は戦勝国主導で構築される以上、その連続性は当然、敗戦国を強く規定することになる。戦時体制からの連続性に関しては、山之内靖、『総力戦体制』、ちくま学芸文庫、二〇一五年、と、山本義隆、『近代日本一五〇年――科学技術総力戦体制の破綻』、岩波新書、二〇一八年、を参照。

*9 GA79, 26. 序章でも引用したくだりである（本書12ページ）。

*10 GA79, 4 = VA, 158;『技術とは何だろうか』、一七ページ。

*11 VA, 175;『技術とは何だろうか』、五〇ページ。（GA79, 21での綴りは"gleich giltig"。）

*12 VA, 33;『技術とは何だろうか』、一三九ページ。

*13 VA, 28;『技術とは何だろうか』、一二九ページ。

*14 VA, 17;『技術とは何だろうか』、一一一ページ。

*15 VA, 21;『技術とは何だろうか』、一一八ページ。

*16 一九三五年にアメリカのデュポン社のウォーレス・カロザースが初めて合成に成功したポリアミド合成樹脂。

*17 スティーヴン・ワインバーグ、『新版　電子と原子核の発見　20世紀物理学を築いた人々』、本間三郎・訳、ちくま学芸文庫、二〇〇六年、二八三ページ。

*18 VA, 29;『技術とは何だろうか』、一三〇ページ。

*19 VA, 29-30;『技術とは何だろうか』、一三二ページ。

*20 VA, 30;『技術とは何だろうか』、一三三ページ。

*21 GA79, 53.

*22 GA79, 72.

*23 VA, 30;『技術とは何だろうか』、一三六ページ。手塚富雄訳、「パトモス」、『ヘルダーリン全集2』、手塚富雄、浅井真男・訳、河出書房、一九六七年、所収、二一九ページ。

*24 VA, 38;『技術とは何だろうか』、一四七ページ。

*25 ブレーメン講演の「転回」論には、「芸術による救い」の可能性を示唆する締めくくり方は見られない。

*26 VA, 37;『技術とは何だろうか』、一四五ページ。

第6章

作ること、労わること、保つこと

ポイエーシスの多義性

現代社会における「つくること」には、前章で見た「挑発」とは
異なる方向性を見出すことはできないであろうか。
本章では、その可能性を、プラトンの「エロース」論を案内役として模索していく。
そこでの「産み出すこと」の多義性、その能力における人類の肥沃さを確認した後、
再度、ハイデガーの「建築」講演や「技術」講演を参照しながら、
「作られたものを労わりつつ保つ」という
古くて新しい将来の技術の展開可能性を見出していく。

1 『饗宴』におけるポイエーシスの多義性

「つくること」の多様な意味

「だが、危機のあるところ、／救いとなるものもまた育つ」――この謎めいた一文を、どう解すべきか。第5章を承けて、もう少し考察を続けよう。

もちろん、われわれには、ハイデガーのヘルダーリン愛に付き合わねばならないいわれなどない。他方で、現代テクノロジーの行き着くところ、そのどこかに「転回」の可能性はないだろうか、という漠たる思いを、現代に生きるわれわれ誰しも抱かざるをえない。ハイデガーはまさにその問いを、技術論の向かうべき先と見定めて、それをポイエーシスの原義に立ち返って摑みとろうとしたのだった。

そこで、現代日本におけるこの問いの続行可能性をいっそう追跡するために、われわれもあえて一歩後退して、ポイエーシスの原義にこだわってみることにしたい。

「技術」講演の前のほうでハイデガーは、プラトンが『饗宴』で「ポイエーシス」について語った箇所を引用していた。[*1] 例によってハイデガーは凝った訳を付けているが、ふつうはこう訳される――「どのようなものであれ、あらぬものからあるものへと移行するようなものにとっては、その原因となるものはすべて、創作である」[*2]。「つくること」を意味するギリシア語の「ポイエーシス」を、プラトンが、「あらしめること・存在させること」というふうに広義に解している箇所である。

ハイデガーは、この「ポイエーシス」を、「こちらへと前にもたらして産み出すこと Her-vor-bringen」と敷衍的に訳す。これが講演の後半までキーワードとなり、ひいては、締めくくりの「芸術による救いの可能性」論を導くことになる。つまり、総かり立て体制下での「挑発して顕現させること」とは別の仕方での「産み出して顕現させること」、とりわけ「真なるものを美しいものへもたらす産み出すはたらき」である「芸術というポイエーシス」が、テクネーのもう一つの可能性として引き出されるに至る。

その締めくくり方が、機械仕掛けの神のお出ましになっていないかはさておき、ここで留意したいのは、「つくること」には、たしかに多様な意味があることである。

日本語で素朴に考えてみても、「つくる」には、「作る」「造る」「創る」がある。「物作り」のみならず、「米作り」「国造り」「子作り」「思い出作り」、ひいては「贋金作り」「アリバイ作り」「罪作り」……、みな「つくる」ことである。

じつに、この「つくること」の多様な意味を、模範的な仕方で明らかにしている不朽のテクストこそ、プラトンの『饗宴』にほかならない。

「性愛」のわざ

このテクストを持ち出したハイデガー自身、「こちらへと前にもたらして産み出すことを、その全幅の広がりにおいて、と同時にギリシア人の解した意味において考えること、ここにすべてが懸かっています[*3]」と語っていた。その課題設定に忠実に、つまり、ハイデガーの勧めに愚直に従って、ここは、プラトンの「ポイエーシス」論をこだわってみるに如《し》くはない。

言うまでもなく、『饗宴』は、プラトンの「エロース」讃である。その文脈で「ポイエーシス」としてまずもって思い浮かべられるのは、性愛《エロース》とそのわざ《テクネー》によって子どもを産み、儲《もう》けるという意味での「生殖・出産」である。「プラトニック・ラヴ」の原点であるこの大古典は、アッケラカンと性愛の悦びを謳《うた》い上げている。そのさい、いかにも古典古代らしく同性愛についてもおおらかに語られるが、それはまだ序の口で、あれこれの愛のかたちが摩訶不思議に論じられることになる。

ハイデガーは、「ポイエーシス」を広義に解して、「ピュシス、つまりおのずから現われ出ること」も、「産み出すこと」に含めて考えようとしており、それどころか、「ピュシスこそ最高の意味でのポイエーシス」だとしていた。*4「自然」まで包含する「創作」概念というのは拡大解釈のしすぎのようだが、ハイデガーがそこで例に挙げているのは、「花のつぼみが開いて花盛りになること」である。自然現象を一緒くたに「ポイエーシス」に含めているわけではなく、そこに「生殖・出産」の要素があるからこそ、「エロース」の働きが介在する「産み出す営み」だと言えるのである。

「出産」の多義性

さて、プラトンのテクストに即して見ていこう。ただし、その細部に入り込むことは断念し、*5まさに「出産」の多義性が列挙されている箇所に注目することにしよう。

作中のソクラテスが恋の道の手ほどきをしてもらったという謎の女性「ディオティマ」によれば、「出産」には、おおよそ次のような種類がある。*6

1 雌雄が交わり、子を産み育てること〔＝生殖・養育、例：発情期のあらゆる動物〕
2 わが身は滅んでも、不滅の名声をあとに残すこと〔＝奉仕・犠牲、例：夫のために死んだ妻アルケスティス、友のために死んだ戦士アキレウス、国のために死んだ王コロドス〕
3 後代まで歌い継がれる詩を創ること〔＝創作・芸術、例：ホメロス、ヘシオドス〕
4 画期的な発見・発明をあみ出すこと〔＝科学・技術〕
5 ポリスや家政を、指導者として立派に治め、栄えさせること〔＝政治・経済〕
6 優れた若者を精神的に指導し、育成すること〔＝教育、例：ソクラテス〕
7 国の根幹をなす法律を制定すること〔＝立法、例：リュクルゴス、ソロン〕

1は、ふつうの意味での出産であり、生物一般に共通の生殖の営みである。ただし、産みっぱなしではなく、生まれた子を養い、育てるという、いわばアフターケアも含めて考えられている点に注意しよう。

この基本的意味から出発して、「出産」概念の拡大解釈が始まる。3は、ハイデガーが着目した「創作・芸術」ということになるが、それよりはるかに広い意味で「出産」が考えられていることが分かる。5は「政治・経済」、6は「教育」、7は「立法」というふうに、人間のさまざまな活動分野において「生産的」な営みがなされることが視野に収められている。4の発見、発明は、現代ではまさに「科学・技術」によって大々的に追究されているところである。

物作りの軽視

他方、プラトンの列挙では軽んじられているものもある。「子づくり」から始まって「歌づくり」「国づくり」「人づくり」まで挙げられているのに、「作ること」の基本中の基本のはずの「物づくり」つまり「制作・生産」は軽視されている。3と4についてプラトンは、「あらゆる詩人たち、また職人たちのうちでも発見者と言われるかぎりの人たち」*7と述べており、「発見者」だけが特別視され、「職人」一般は除外されている。

ただしそれは、この文脈では、ということであって、もっと前で「ポイエーシス」が定義的に語られる――ハイデガーが引用した箇所の――文脈では、「職人（デーミウルゴイ）」が技術を駆使して仕事を行なうことが、一般に「ポイエーシス」と呼ばれるとされている。そのうえで、しかし職人一般は「創作家（ポイエータイ）」とは呼ばれず、その中の「詩人」だけがとくにそう呼ばれる、とプラトンは注意を促すのである。

この言葉遣いに見合って、のちの列挙のさいにも、詩人の創作については語られても、職人の制作は飛び越えられている、と一応考えることができよう。しかし、基本的なはずの「物作り・職人仕事」が除外された理由は、それだけではなさそうである。

一つには、古代ポリスの「制作軽視」――「奴隷蔑視」と並ぶ――の差別思想をここに見出すこともできる。だが、それだけでは問題は片付かない。制作一般のなかでも「詩人の創作」が重んじられ、「職人の手仕事」は軽んじられていたのは、そもそもなぜか。

この難問にここで正面から取り組むことはできないが、その代わり、『饗宴』のテクストから読みとれることにかぎって考えてみよう。

「不死」へのオプション

プラトンの選別基準はじつにはっきりしている。1〜7はいずれも、死すべきものが「不死になること」のオプションとして挙げられているのである。

この選別基準が顕著に表われているのは、2の「奉仕・犠牲」の意義づけである。愛する人や国を救うために進んで身を捧げる、という意味での英雄的行為は、「不滅の名声をあとに残す」からこそ優れている、というのである。近代人の好きな利他主義道徳でなく、古代人好みの自分本位の発想だが、それぱかりではない。死んではじめて不死になる、という特異な仕方での「我欲・自愛」が、肯定されているのである。

同じことは、その他の「愛のかたち」についても当てはまる。

1の、子を産み、養い育てることは、自分の死後になお子孫・後継者を残す、という仕方で「不死」に与《あずか》ることである。3の、自分の作った歌が後世にも歌い継がれることも、4の、巧みな発明がのちのちまで語り草となることも、5の、国家や家族が立派に治められて永く栄えることも、6の、教育者が優れた若者たちを見込んで、後進を育成するのも、7の、法律が立派に定められて堅持されていくのも、すべて、各種の作り手（ポイエータイ）が、みずからの死を超えて、自分自身が現に存在した証しを何ほどかこの地上に残す営みなのである。

人間は、死すべき身でありながら、いや死すべき身であるからこそ、不老長寿願望とはまったく別に、「死を超えるもの」へと至る通路をあれこれ開発してきた。そのような「不死への努力」が、生物種としての存続や家の維持繁栄のみならず、芸術や政治や教育といった人類のさまざまな文化形態を生み出す原動力ともなったのである。

「永遠なるもの」の追求

死を超えるものへと至る通路としては、来世を説く宗教が容易に思い浮かぶ。だがプラトンはここで、特定の宗教の教説を述べてはいない。その代わりに、地上的なものを優にはみ出すものとしてプラトンがソクラテスに——正確には、謎の女性ディオティマにだが——おもむろに語り始めさせるのが、「美そのものへの性愛《エロース》」である。つまり、この世的なものを突き抜けた彼方にある、永遠不変の「美のイデア」を愛し求める「哲学」の営みが、ここに産声を上げたのである。

これは古代における画期的な出来事であった。「不滅の名声」という意味での「不死」を求めるポリス市民の理想追求志向をいっそう拡張し、それを大幅にはみ出しつつ、「永遠の真理」を求める人間のあり方が、大胆に定礎されたのである。しかもそれは、この世の出来事としては、プラトンが初代学長を務めた学園「アカデメイア」の創立を意味し、ひいては、「神々しいプラトン」の著作群の誕生を意味することとなった。そして、そのいずれも「つくること」であり、広義のポイエーシスと見なしうるのである。

今や、『饗宴』のエロース論の展開に見合った形で、先の1〜7に、次の三種の「出産」を付け加えることができる。*8

8 美そのものを直観し、その真理にふれ、永遠にあやかること〔＝哲学、例：プラトンの形而上学〕

9 愛知者たちの共同体を築き、存続させてゆくこと〔＝大学、例：アカデメイア〕

10 哲学的真理を書き記し、後代に伝承させてゆくこと〔＝哲学書、例：『饗宴』〕

アカデメイアの初代学頭が定礎した哲学の理念を、次いで、その弟子アリストテレスが批判的に継承しつつ発展させ、観照（テオーリア）というあの哲学的生の理想に定着させてゆくことになる。ポリス的な行為（プラクシス）とはまた別の、人間的生のもう一つの可能性として、永遠の真理の探究という生き方が確立されたのである。

ソクラテス、プラトン、アリストテレス以来の、二四〇〇年以上にわたる西洋形而上学の歴史の原点に位置するポイエーシス論は、死を超えるものへの古代ギリシア人の追求の多様なかたちを母胎とするものだった。『饗宴』に見てとれるその不朽の豊饒さに、われわれは今さらのように驚かされる。ハイデガーの言葉を借りれば、これぞ「運命の巧みな遣わし Geschick」のなせるわざと言うべきだろう。

2 現代における「不死」のテクノロジー

現代のヘウレティコイたち

ここで、古代の風景から現代世界へと目を転じてみよう。

やはり何といっても目を瞠《みは》るのは、一〇種の「ポイエータイ」の生態のうちでの、「発見者」つまり「ヘウレティコイ」[*9]の隆盛ぶりである。プラトンが哲学教育のために創設し、プラトンの著作群が後代に伝承されるのに寄与することにもなった真理探究機関たる「アカデメイア」の伝統は、今日ではすっかり、エピステーメーとテクネーの融合形であるテクノロジーに主導権を明け渡すに至っている。古代ポリス市民が、死を超えるものとして求めてやまなかった「不滅の名声」すら、現代世界では、科学技術上の発見・発明という形でこそ最も入手しやすいと思われるほどである。

その反面、政治、経済、軍事、教育、芸術といった領域にまたがって地球規模で巨大化してやまない現代の科学＝技術「総かり立て体制」に一極集中的に吸い上げられることで、人類の多様なポイエーシス能力の肥沃さが、見る影もなくやせ細っていないか、気になるところである。永遠の真理をひたすら観照するテオーリアの法悦も、言論と行為とで栄光を競い合うプラクシスの幸福も、哲学的生や政治的生の理想としてはとっくに空洞化している。教育の現場は、優秀で均質な「人材」つまり賃金労働者や研究奴隷たちの養成施設と化しているし、芸術の分野にしても、消費者の嗜好を一時的に満足させては、すぐ飽きられる娯楽商品の大量生産に「徴用」させられている。

世界はいつ終わってもおかしくないのに終わらない

何よりもそこには、古代的なポイエーシスの原動力であった不死追求のモティーフが、かき消えているかに見える。原子爆弾の爆発以後、「死への存在」の相乗化され過激化された形態たる「絶滅への共同存在」に進化して久しい現代人にとって、世界はいつ終わってもおかしくない。彼らの口癖は、そう、「死んだら終わり」である。今日半ば以上本気で使われる「終活」という言い方は、死後の世界がもはや意味を失った者たちの「終わりへの存在」の末期形を表わす言葉であろう。

それはそうなのだが、しかしその一方で、世界はそうやすやすと終わらない。取扱注意の絶滅兵器を手にし、重装備してなお、人類は総体として「延命」へと差しかけられている。たとえ絶体絶命の危機に瀕しても、簡単に無に帰することはない。それどころか、現に、ヒトほど生殖活動が旺盛で、地球上に爆発的に繁殖し続けている生き物はない。生物種は、急激に増殖すると、同じだけ急激に激減するものであり、そういう栄枯盛衰のリズムがあること自体は、生命現象として何ら珍しいことではない。出生率の低下を嘆く国々とその抑制に汲々とする国々とが、同じ地球上に並存している。

そもそも、個人単位での絶命と、人類全体の絶滅とを同列に論ずることはできない。「世界の終わり」をわれわれ現代人は気軽に口にするが、それは、「死んだら終わり」という、猫の額のように狭い個人の心象風景の中で語っているだけの話である。

私が死んでも、他の人びと——いや全人類は、何食わぬ顔して生き続ける。一家や一国や一民族が衰微すれば、その代わりに、別の家々や国々や諸民族が台頭するだけである。ある国で「少子高齢化」が進行したところで、この地上に人びとが暮らし続けることには、ほとんど何の変わりもない。

逆である。生き物は滅びそうになればなるほど、それだけいっそう滅びまいとするし、その生殖力は昂進するものである（戦後ベビーブームを想起しよう）。死に物狂いのその兆候が見当たらないとすれば、それは――もうおしまい、などではなく――まだそこまで追い詰められていないからにすぎない。

新種の「死を超えるもの」

ところで、現代において、不死追求は一見沙汰止みになったかに見えて、じつはそんな甘い話はないことに気づく。新種の「死を超えるもの」を、現代世界は続々と生み出しているからである。

第5章で、「ナイロン」という人工の高分子化合物の例を挙げた。人間が生み出したこの新しい物質は、天然の素材から作られた靴下よりも破けにくいという特性をもち、かつ安価に大量生産可能だが、「特性」はそれだけではない。放っておいてもなかなか腐食せず、野にも土にも一向に帰らず、いつまでもしつこく存在し続ける。しかも、用済みになったからと、不用意に燃やせば、有害物質を発生させるから、処理に困る。そういう半永久的なゴミを、現代世界は生み出し続けている。

思えばハイデガーも、「セルロース」という、木材から抽出される天然の高分子化合物の例を挙げていた。それを成分として、一八六九年に初めて実用化された人工合成樹脂が、「セルロイド」である。この「塩化ビニール」第一号開発から始まって、可塑性をもった合成樹脂、つまり「プラスチック」が、まさにありとあらゆる形をとって生み出され続けてきた。衣料ばかりか、自動車も飛行機も、パソコンもスマホも、家具も住宅も、メガネも人工関節も、軒並み「可塑性素材」からできている。われわれの暮らす現代世界とは、もはやプラスチック製の世界だと言ってよいほどである。

しかも、一定期間長持ちするように作られた「耐久消費財」のみならず、日常的にひっきりなしに消費される食料品や飲料品の包装などにも、極度に耐久性の高い人工素材が、もっぱら使われるようになった。当然それに見合って、処理困難なゴミが大量発生している。それら廃棄物を「不死」と形容するのはいささか大袈裟かもしれないが、消費者たるヒトの寿命と比べても、ゴミの山は相当程度「不滅」だと言わざるをえない。

「不死」の存在者

そのように並々ならぬ持続性を示す新種の人工物の極致であるのが、やはり前に挙げた、放射性人工元素プルトニウムである。人体に入ればたちまち「致死」を引き起こすという毒性のほか、半減期二万四千年という、人間の寿命を超えるどころか、人類全体の存続期間をはみ出るかもしれないほどの、気の遠くなるような「遍時間性」を示す。まさにこれこそ「死を超えるモノ」であり、現代人の創造した「不死」の存在者であろう。

これまたハイデガーの挙げていた、核テクノロジーの元素挑発装置たる加速器「サイクロトロン」[*10]を助産婦として誕生した「不死の子どもたち」の生態に、われわれは手を焼き、手を拱《こまね》いている。その出生譚は、原子力時代を開幕させ、成育させた今では現代世界の日常茶飯事に属している。核のゴミつまり原発廃棄物はたまりにたまり、廃炉となった本体もどんどん増える。過酷事故を起こした発電所が、幾世代もの未来の人びとに深刻な負担としてのしかかるであろうことは確実である。

それでもなお、そこには目をつぶって「原発は経済的」といまだに言ってのける論者は数多い。彼らは「死んだら終わり」を地で行く者たちであろう。

現代世界にひそむ両極端のテンポ

子作りからして、作ったら作りっぱなしというわけにはいかず、子育てが大事――こんな基本中の基本は、プラトンに教えてもらわずとも、誰だって身に染みて分かっている。新しい命を生み出す生殖・出産においても、製造物責任は重大なのである。また、だからこそ、養い、育て、教え、導くという意味での「アフターケア」が大事なのである。だとすれば、この冷厳な鉄則は、われわれ現代人が自分たちの勝手な欲望に駆られて量産している「テクノロジーの鬼っ子たち」の製造に関しても、当てはまるはずである。

しかし、厄介なことに、現代テクノロジーによる「不死」のポイエーシスは、これまで人類が経験したことのない新段階に突入しているように見える。その産物は、発見者・発明者の物故どころか、消費者・便益享受者の子孫たちがとっくに死に絶えたあとになっても――死すべき人間の尺度ではほとんど未来永劫と言えるほどの長きにわたって――この地上に存在し続けるからである。

現代のテクノロジーの時間単位は、一方では、異様に短い。どんな新発見や発明もたちまち平凡陳腐となり、作り出されるや使い捨てられ、すぐ飽きられて過去のものとなり果てる。これは科学論文の場合でもそうで、書かれたそばから賞味期限切れとなってゆく。論文書きとその流通自体が、ゴミ濫造の様相を呈しているほどである。そのつどの最先端の研究分野に人びとは飛びついては、数年もしないうちに別の流行にちゃっかり群がる。数年前のブームとはいったい何であったか、もう誰も覚えていない。

そうした利那的快楽追求のような先端競争が恒常的状態となれば、フロンティアにいればいるほど、その時々の瞬間しか目に入らなくなる。数年後にどんな研究をしているか、研究者自身にも皆目分からない。いや、今自分たちが現に行なっている研究がいかなる意味をもつか、考えをめぐらせることさえ難しい。要するにそのヒマがない。

ところが、他方で、自然の挑発から造り出された「創作物」は、いったん存在し始めるや、このうえない永続性を発揮して、地上に居すわり続ける。そのタイムスパンは、創作者の寿命はおろか、子孫末代の存続を超えるほどの健在ぶり、長寿ぶりを示す。核テクノロジーそのものが、二〇世紀に造られた玉手箱として、人類の続くかぎり、末代に永劫に遺贈される――人類のあこがれであった永遠不滅が、そこに達成されるかのように。

現代世界にひそむ両極端のテンポのこの奇妙なギャップは、どこから来るのだろうか。

3 アフターケアの現象学

始まりにひそむ危うさ

現代テクノロジーは、次々に新しいものを産み出し、古いものを打ち捨てる一方で、その産物は、この地上にいつまでもしぶとく存在し続ける。このすさまじい時間的ギャップは、じつのところ、新しい始まりには付きものなのである。つまりそれは、新しく始めること一般にまとい付く予測のつかなさと取り返しのつかなさに由来する。だが、もしそうだとすれば、それ自体はべつに新しくないということに気づく。

何かを始めるとき、その所産がいかなるものとなるか、あらかじめ見越すことはできない。最初から予測ができるようなものは、真に新しい始まりとは言えない。しかしそれでいて、その何かがいったん起こってしまえば、もはや、それが起こらなかったことにするわけにはいかない。いくら取り消しを叫んでもムダである。

このように、始まりには、それに固有の「危うさ」が付きまとう。恰好の例は、子どもの誕生である。生まれ出ずる者の唯一無比性と抹消不可能性のことを、ひとは「命の尊厳」と呼ぶが、それは始まりの危うさと隣り合わせなのである。

この危うさを緩和し、リスクを低減させようとすることは、始まり自体を否定することに等しい。出生の危険を回避するために遺伝子操作技術を開発するのは、それ自体が新しい試みであるかぎり、別の大いなる危険を惹起せざるをえない。

一般に、「大事件」と呼ばれるものは、みな時間的落差の賜物である。「出来事 Ereignis」は、予測のつくことと取り返しのつくことの破れが出ずるその瞬間の裂け目に勃発する。総じて「歴史」の名に値するものは、予言できず、かつ消去不可能である。だから、そういった歴史的なものの領分にテクノロジーが入り込んで久しいとすれば、それによって産み出されたものが、予測のつかなさと取り返しのつかなさによって規定されるのは、むしろ当然なのである。原子爆弾製造プロジェクトも、クローン人間製造プロジェクトも、それが新しい始まりをひらこうとする一種の行為である以上、行為（プラクシス）に付きまとう、この二重の非力さを払拭することはできない。

赦しも約束も不可能

それでいて、現代技術というアクションが、自然的なもの——人間的自然を含む——への介入・攻撃であり、ハイデガーの言う「挑発」を本質とするかぎり、そのテクノロジー型プラクシスは、人間どうしの相互行為——言葉を介しての——の場合にはギリギリ期待できなくもない「救い」を待ち望むことができない。

人間相手の場合、その行為に付きまとう非力さをしのぐ手立てとして、予測のつかない未来へ乗り出すために、事前に「約束」を取りつけたり、取り返しのつかない過去を克服すべく、事後に「赦し」を発動させたりすることが、まだしも可能である。そこには「救い」の可能性がなくはない。ところが、行為の難点をそのように人間的な仕方で埋め合わせるということが、言葉の通じない自然相手には端的に不可能なのである。*11

「神の死」を既成事実として認定してきたわれわれ現代人が、今さら、地球を相手に「約束」を交わしたり、宇宙に「赦し」を乞うたりするのは、滑稽でしかないだろう。

プラクシスと化したかに見えるテクノロジーは、やはり、プラクシスと似て非なるものなのである。むしろわれわれは、現代技術があくまで制作——狭義のポイエーシス——を基本としていることを再確認すべきであろう。そしてそこに、プラクシスとはまた別の、ポイエーシスに固有な打開策がないか、見極めてみよう。

対人的なケアと対物的なケア

では、行為と制作とでは、どこが違うのだろうか。一つには、たった今見たように、相手が人（＝人格）であるのと、物（＝物件）であるのという原理的な違いがある。これに応じて、相手に関わるあり方も、対人的なものと、対物的なものとが大別される。

近年、「ケア」という言い方が好んでされるようになった。その場合の重きは、対人的な「看護」や「介護」に置かれるのがふつうである。被害者や遺族の心の傷へのケアも重要となっている。なるほど、そこには喫緊の現代的テーマが山積している。その一方で、先ほど出てきたアフターケアという言葉一つとっても分かるように、[*12] 対物的なケアという、もう一つの問題次元があることに気づく。つまり、「労わる」というあり方には、「人への労わり」とはまた別に、「物への労わり」というものもあるのである。

なるほど、病人や老人への関わりならずとも、われわれはさまざまな対人関係において日夜、「気配り」「配慮」を陰に陽に行なっている。為されたことの取り返しのつかなさを埋め合わせる「赦し」が、「アフターケア」の極致だとすれば、あらかじめ約束することは「ビフォアケア」の一種ということになろう。ただし、約束の場合も「アフターケア」は重要である。繰り返し再確認され、末永く保たれるのが約束だからである。

他方でわれわれは、人間関係の網の目に気を回すのとはまた別の仕方で、人びとによって作り出された物たちに気を配りながら暮らしている。

すでに見てきたように、ハイデガーは『存在と時間』において、われわれが世界に存在しているそのあり方を、「気遣いSorge」という——英語ではcareに相当する——言葉で呼ぶことを提案した。そのように総括される実存は、自己自身への「気遣い」を根幹とするが、気遣いはもちろん自己への配慮に尽きるわけではない。ここでの基本的区別は、対物的な「配慮Besorgen」と、対人的な「顧慮Fürsorge」である。しかも前者の、手許的存在者との交渉には、作ることのみならず、使うことも含まれていた。世界内存在の現象学の基本テーマの一つは「物たちへのケア」であった、と言っても過言ではない。

労わることと救うこと

ここであらためて注目したいのは、後期ハイデガーの技術論講演のテクストには、「物たちへの労わり」のまなざしが強く見てとれることである。「技術」講演には明示的に出てこないが、それに先立ってなされ、それに近しい関係にある「物」講演、とりわけ「建築」講演では、「労わることSchonen」という言葉がしばしば用いられていた。

「物」講演にも「物を物として労わる」という言い方が見られるが、顕著なのは「建築」講演のほうである。第3章の復習になるが、「建てること」もその一つのあり方とされる「住む」という、われわれ「死すべき者たち」の最も基本的なあり方が、「労わること」でもって概括されていた。「労わる」とは本来、「何かをその本質においてそのままにしておく」ことで「自由にする」、「積極的」なはたらきのことだ、とされたうえで、「住むことの根本動向は、そのように労わることなのです」と主張されたのである。

この場合「労わること」は、『存在と時間』の「気遣い」の概念に匹敵するほど広い意味をもたされている。「四方界」としての世界をともに織りなす「四者」それぞれに割り当てられる「住むこと」が、「労わること」の多様な仕方として記述され、こうまとめられた。「大地を救い、天空を受け入れ、神的な者たちを待ち望み、死すべき者たちに連れ添うというかたちで、住むことは、四方界を四重の仕方で労わる出来事としておのずと本有化されます[13]」。労わりとは、四方界への等根源的な気遣いを意味するのである。

ここでは「救うこと **Retten**」が、「大地を救う」という、限定された意味で持ち出されていたことに気づく。しかも、それがこう敷衍される。「レッテンとは本来、何かを解放し、それに固有な本質を自由に発揮させる、という意味です[14]」。大地を「救う」という仕方で労わることは、環境破壊の危機に瀕している「地球を救おう！」と叫ぶ博愛主義的メッセージとは異なる。むしろ、大地の「本質を自由に発揮させる」ことが肝要とされている。それにしても気になるのは、この場合の「本質」とは何のことか、である。

ただし、ハイデガー自身の論点は、「死すべき者たちは、このように労わることとしての住むことを、どのようにして成し遂げるのでしょうか」と問うことに向けられていた。ここで浮かび上がってくるのは、住むことがつねにすでに「物たちのもとでの滞在」だという点である。その場合の「物」とは、四方界を「匿《かくま》い **bergen**」、「安全にしまっておく **verwahren**」場所のことである。この「物たちのもとでの滞在」は、労わることの四重の仕方に付け加わる五番目のものではなく、「四方界における四重の仕方での滞在がそのつど統一的に成し遂げられる、唯一のあり方」だという。[*15]「物たちのもとでの滞在」こそ、労わることの最も基本的なかたちであり、四元的な住むことに先んずる第一元素《エレメント》なのである。

この「物たちのもとでの滞在 Aufenthalt bei den Dingen」は、『存在と時間』において、「(世界内部的に出会われる存在者の) もとでの存在 Sein-bei」と言われていたものに対応する。「もとでの存在」は、「気遣い」の三番目の構成契機とされていた。[*16] それがこの「建築」講演では、天・地・神・人の四者からなる四方界としての世界に「住むこと」の最も基本的なあり方だとされるのである。しかもその場合、『存在と時間』のように道具を配慮する態度ふるまいから出発するのではなく、「物たち自身が四方界を匿う」ことがまずもって基本に据えられる。そしてそのためには、物みずからが「物として、その本質のうちに委ねられている」ことが第一要件とされたうえで、そのような物の「本質」確保に寄与する住むことのあり方こそ、「建てること Bauen」にほかならない、とされるのである。[*17]

建てることもケアである

これまでの復習をもう少しだけ続けよう。

ハイデガーによれば、「建てること Bauen」は、「死すべき者たちが、成育する物たちの世話をしhegen、面倒をみる pflegen こと」と、「生育することのない物たちを、ことさら打ち建てる errichten こと」とに大別される。[*18] 第3章でふれた通り、この二つは「農業」と「建築」という人間的活動に相当する。ハイデガーはそのうち、打ち建てるほうのバウエンを論じていくのだが、注意すべきは、その場合、建築が「労わること」のあり方の一つとして捉えられている点である。農業という「世話をし、面倒をみる」いとなみが、「大地を救い、天空を受け入れる」という仕方でのケアだということは、なるほど理解しやすい。しかしハイデガーが強調しようとしているのは、建築がそれに匹敵するケアだという点である。そして、そのように建てるという仕方で「労わること」は、建物という物が「物としてその本質のうちに委ねられている」ことに与るのだという。

物をその「本質」のうちにケアするという仕方で建てること、そして、そのようにして住むことにも、それに固有な「アフターケア」の次元があるとすればどうであろうか。

「本質」と「存続」

ここで「本質」と言われているものが何を意味するかは、「建築」講演では必ずしも明らかでない。その点を解き明かしているのは、むしろ「技術」講演のほうである。「技術の本質」を問うことは、その場合の「本質」とはそもそも何を意味するか、という疑問を呼び起こす。これにことさら答えようとするのが、「技術とは何だろうか」の三番目の区切りの後半部分なのである。そこに焦点を当てることにしよう。

あらかじめ概略を述べておくと、ハイデガーはまず、「本質 Wesen」という語を動詞的に解し、「本質を発揮している wesen」という意味に捉え返す。さらにそれが「存続する währen」というふうに敷衍され、ひいては「存続を認める gewähren」という意味へ翻されてゆく。だとすれば、「物をその本質において労わる」とは、当のものを「作る」だけにとどまらず、「使う」ことや「保つ」ことを内に含む、持続性に富んだ営みだということになるだろう。ここから、「作ること、労わること、保つこと」の連関がひらけてくる。

4 存続することと存続させること

「本質」とは何だろうか

まずは、いかにもハイデガーならではの「本質」論を少し丁寧に見ておこう。[*19]

「本質」は古来、「〜とは何か?」という問いに対する答えとされてきた。ハイデガーが講演「技術と何だろうか」で行なっているのも、「技術の本質」を問うことである。個々の「木」と、「木の本質」とが異なるように、「技術的なもの」と「技術の本質」とは異なる、ということから、この講演は出発していた。かくして「総かり立て体制」が「現代技術の本質」として際立たせられたのである。そのうえで、この「技術の本質」に「救いとなるもの」がひそんでいないか、を見極めようとしたとき、そもそもその場合の「「本質」とはいかなる意味か」[*20]という問いの前に立たされることになるわけである。

ハイデガーはまず、伝統的本質概念に一瞥を与える。「或るものが何であるか、の当のもの」、「何性」、「類」、「一般的なもの」、「普遍的なもの」……。こうしたおなじみの「本質」理解はどれも、総かり立て体制が「技術の本質」だという意味での「本質」には該当しない。むしろ、「技術というのは、「本質」という語でふつう解されているものを、それとは異なる意味において考えよ、と私たちに要求してくる当のものなのです[*21]」。

ここでハイデガーは、「本質」のあらたな意味次元を見出すことによって、本質探究なるものを根本からずらし変えようとしている。それは、古来の本質概念を全否定することではない。むしろ、本質を問うことの大胆な更新であり、再興《ルネサンス》なのである。

イデア論の脱構築

そのさいに持ち出されるのが、「本質」を表わすドイツ語 **Wesen** のニュアンスである。たとえば、**Hauswesen** は「世帯・家政」、**Staatswesen** は「国家・国家機構」という意味だが、これらは、「類という一般的なもの」などではなく、家や国家が支配をふるい、執行され、発展し、衰退するそのあり方を意味する。つまり、「ヴェーゼンとはその場合、家や国家が本質を発揮している wesen あり方のことです[*22]」。かくして、「本質 **Wesen**」という名詞は、「本質を発揮している **wesen**[*23]」という動詞から派生したとされ、さらにその **wesen** は、**währen** つまり「存続する」という意味の動詞に重ね合わされるのである。

「本質」を「本質を発揮していること」へ、さらには「存続すること」へ、ずらし変えていくこの語源解釈は、どこへ向かっているのだろうか。じつにそれは、プラトンの「イデア」論の再検討へ、である。「すでにソクラテスとプラトンは、あるものの本質を、存続するという意味で本質を発揮しているものだと考えています」[*24]。ドイツ語「ヴェーゼン」の語源解釈は、この「存続する《ヴェーレン》という意味で本質を発揮しているもの」としてのギリシア語「イデア」に照準を定められていたのである。

プラトンが哲学用語に彫琢したギリシア語「イデア *idea*」や「エイドス *eidos*」が、もとは「姿かたち」といったほどの意味の言葉だったことは、「物」講演でも確認されていた。ただしそこでは、そのような「形相」中心の古代的存在概念は「制作して立てること」、つまりポイエーシスの地平で理解されており、それが後代に支配をふるい続けてきたとして、ハイデガー自身は距離をとろうとしていた。制作中心の伝統的存在論にひそんでいる「恒常的現前性 beständige Anwesenheit」の存在理念を批判的に抉《えぐ》り出し、その長らくの伝統からの脱却を図ることは、初期以来のハイデガーの哲学的野心でもあった。

ところが、この「技術」講演では、制作中心の存在概念や、そこに含意されている存続性の理念への批判は、鳴りをひそめている。それどころか、「本質」概念の起源に位置するプラトンの用語「イデア」に、「存続するという意味」が含まれていたことを、ことのほか重視しているのである。この解釈変更の跡を見落とすべきではない。

「存続するもの」への着眼

興味深いことに、ハイデガーは自分自身の「ゲーシュテル」という用語が、ドイツ語の日常的意味を活かしつつ、それを大幅にはみ出す哲学的概念性を大胆にあてがわれていることに対する一種の弁明として、プラトンだってギリシア語の「エイドス」や「イデア」という言葉で、同じことをもっと大胆にやってのけたではないか、と指摘している。[25] この開き直りはなかなか尊大に聞こえるが、おそらく本人にはもっと強い意図があった。つまりハイデガーは、プラトンの言う「姿かたち」に「存続するという意味」があったのと同じように、「ゲーシュテル」という現代技術の「形態《ゲシュタルト》」に、「存続するという意味で本質を発揮しているもの」という含みをもたせようと意図しているのである。

とはいえもちろん、ハイデガーはプラトンのイデア説を鵜呑みにしているわけではない。そこに或る重大な留保を付けている。プラトンは、「存続するものを、永遠に存続するもの（アエイ・オン *aei on*）と考え」、しかもこの「永遠に存続するものを、生成するいかなるもののもとにもとどまり続けるものとしてみずからを貫き通すもののうちに見出す」[26]。たんに「存続するもの das Währende」にとどまらない、「永遠に存続するもの das Fortwährende」。そう、地上における不死・不滅を踏み越えた「永遠」という存在理念が、ソクラテス学派において産声を上げたことが、ここで取り沙汰されている。そしてそれは、西洋形而上学の始まりそのものでもあった。

ハイデガーはこの形而上学の歴史を遡って、こう問う。なるほど「本質を発揮しているものはすべて、存続します。しかし、存続するものといえるのは、永遠に存続するものだけなのでしょうか。技術の本質は、イデアが永遠に存続するという意味において存続するのでしょうか」[27]。つまり、現代技術の本質たるゲーシュテルは、それがあくまで歴史的な「運命の巧みな遣わし」であるかぎり、イデアのように「永遠に存続するという意味で本質を発揮している」とは言いがたいが、それでもやはり「存続するという意味で本質を発揮している」とは言えるのだ、と。しかし、それはどういう意味での「存続」なのか。

「存続させること」への着眼

ハイデガーはここで、ゲーテの或る奇妙な言葉遣いを引き合いに出す。恋愛小説『親和力』の劇中劇ふうの掌《てのひら》小説「となりどうしの不思議な子どもたち」のなかに、fortwähren とあってしかるべきところ、fortgewähren と記されている箇所がある、というのである。「ゲーテの耳はここでは、「存続する währen」と「存続を認める gewähren」が暗黙裡に調和を奏でているのを聴いているのです」[*28]。

ゲーテの真意は定かでないが、この gewähren ——ふつうは「(誰かに何かを)与える・認める・許す」といったほどの意味の動詞——を、ハイデガーは、存続するものに存続することを「認める・許す」という独特の意味に解するのである。ひとまず「存続を認める」という訳語をあてたが、もっと単純に訳せば、「存続させる」となる。存続するものは、存続させるはたらきあってこそ存続する。「存続する－存続させる」の相互帰属こそ、währen と gewähren の組み合わせでもってハイデガーが言わんとするところであった。

現代技術の「本質」たるゲーシュテルも、それが「本質を発揮している」以上、「存続する」のであり、しかもそれは「存続を認める」はたらきあってこそ、である。——これが、ハイデガーが技術の本質への問いにおいて到達した「本質」論であった。

5 作られたものを労わりつつ保つこと

物作りに立ち戻って考える

さて、ハイデガーによる「本質」概念の脱構築に忠実に付き合うのはここまでとしよう。この先さらに、現代技術の「挑発して顕現させること」とは別の仕方での、「産み出して顕現させること」つまり芸術的創作の可能性に、「救いとなるもの」のヒントが見出されて締めくくられるのだが、それとはまた違った「転回」の可能性はないだろうか、というのがわれわれの問題関心であった。プラトンの『饗宴』にポイエーシスの多義性を見てとった本章の経路が、たんなる道草ではなかったことが、ここで明らかとなる。

なるほどプラトンは、「永遠に存続するもの」としての「美そのもの」を説いたかもしれない。しかし、その超然たるイデア説の母胎として、多様なポイエーシスのあり方について滔々と記したのも、『饗宴』のプラトンであった。その広義のポイエーシスには、もちろん芸術的創造も含まれるが、それにとどまらない「不死の追求」のかたちが、豊かに列挙されていた。そのどれもが、「存続するもの」を生み出す「存続させること」であろう。科学技術的な「発見・発明」も、その一つに挙げられていた。

しかしここでは、もう一つの――いわば0番の――「ポイエーシス」に絞って考えてみよう。職人の物作りという最も基本的な制作のあり方に、である。

なるほど、すでにふれたように、プラトンの時代には、職人の地道な手仕事の分野は、軽視されていた。それどころか、造形芸術に携わる創作家もまた——あの神々しいギリシア彫刻群を産み出した芸術家たちですら——市民のあり方としては低い評価を受けたほどである。しかしだからといって、そこに生み出された産物・作品が「存続するもの」ではないとは、口が裂けても言えないはずである。物作りによって生み出された人工の物たちによって、われわれの世界は成り立っているからである。「職人」とは、「存続するもの」を創り出す工作人である。それと区別される「労働者」とは、移ろいやすいものをせわしなく再生産する生活者である。

物の耐久性と世界の永続性

ハイデガーは「物は物化する」と言ったが、それは「世界は世界する」と一組であった。そしてそれは、「物が世界をやどり続けさせること」が「世界が物にやどり続けること」と組み合わさっていることを意味する。世界の「やどり続ける weilen」はたらきと一対の、物の「やどり続けさせる verweilen」はたらきは、「存続する währen」ものを「存続させる」つまり「存続を認める gewähren」はたらきあってのことである。ここにはたらいているのは何だろうか。それもまた人間のわざ、つまりテクネーであり、しかもまずもって、物作りの仕事である。そして、作ることは、同時に、労わること、保つことである。

世界の永続性は、耐久性のある物たちから成り立つ。それを支えているのが、物作りとしてのポイエーシスである。その場合、作ったら終わり、ではない。死んでも終わりとは限らないように、作られたものは、作り上げられて完成したあかつきに、消えてなくなるのではなく、むしろ出来上がってはじめて使われ始める。作ることと使うことはワンセットであり、それは、建てることと住むことと一続きであるのと同じである。

そればかりではない。作られたものが末永く使われていくためには、つまり、物として保たれるためには、たゆみなく「保全《ソーゼイン》」——ギリシア語 *sozein* には「救う」という意味もある——されることを必要とする。つまり、世界を形づくる物たちを、自然的腐食や人為的消耗による変性・劣化から「救う」ことが、たえず求められる。作られたものが活用されて「本質を発揮する」には、保全のわざたるテクネーが必須なのである。

この維持・管理、いわゆる「メンテナンス」[*29]の仕事は、まさに「労わること」である。つまり「物へのケア」である。この「労わり」は、相手をあるがままに存在させること以上ではないから、その意味では、何も産み出さない。つまり「生産的」とは必ずしも言えず、その意味では「不毛」に見える。だがそれは、あくまで「物の生産」という狭い見地から見た場合の話である。これを「物の存続」ひいては「世界の永続」という奥行きある観点から見れば、まさに「存続するという意味で本質を発揮すること」に貢献大の、優れて「存続させるはたらき」である。それを軽視したり蔑視したりして済む話ではない。

たとえば、農業を「労わること」として考えた場合、それは第一に、作物を労わること、つまり生育させ実らせることであるが、そればかりではない。土地の耕作という仕方での「大地を救い、天空を受け入れること」である。それによって維持管理されるものは、「国土」そのものである。つまり、死すべき者どもの自身が住む世界への「労わり」であり、人間の住みかを後の世代に伝えてゆく「アフターケア」である。

「世界への愛」というケア

農業と並んで、重要な「労わること」としてハイデガーが挙げていたのが、建築であった。これも、たんに住宅を造ることに尽きるものではない。建物を建てることは、それが住むことに属するかぎり、建物を維持管理していくことと一つである。建物が集まってできているのが、街であり都市である。建築とは、「街づくり」なのである。

　人びとに共通な居住空間の集まりたる「街並み」は、同時に、歴史的持続性をもつ。街の記憶が保たれ、受け継がれていくためには、街並みが維持管理されてゆくのでなければならない。都市の永続性が成り立つためには、建物が保持され、繰り返し修繕・補修・改修されてゆくのでなければならない。それは何も、古いモノに対する偏愛などではない。この世に人間が住むことを「労わること《ケア》」であり、その意味での人間自身へのケアである。物たちへの労わりにもとづく世界への配慮のことを、あえて「世界への愛」と呼んでよいとすれば、この宏き愛は、自分自身を愛することでもある。

　逆に、物が物として遇されず、世界がその永続性を危ぶまれるとき、その危機は同時に、死すべき者たちとしての人間自身の自己否定をも意味する。

　その危機を救うものが、そうたやすく到来することはなさそうである。ハイデガーの言う「神的な者たちを待ち望む」という仕方での「労わること」は、なにも、救世主を待ち望むことではないだろう。「救いとなるもの」は、べつに、天上から降ってくるとはかぎらない。ひょっとして、この地上に住むわれわれが身の回りの物たちを労わるなかで日々何気なく発揮している「世界への愛」が、そのまま救いとなりうるかもしれない。——自分たちの住む建物や街並みを労わり、保ち、活用し、そのようにして愛《いと》おしむことで、「本質を自由に発揮させる」ことによって。

それは、修繕であったり清掃であったりするかもしれないし、街づくりへの参画であったり住民間の討議であったりするかもしれない。その日々の現場では、労働と制作と行為が一体となっておのずと絡み合う。急いで付け加えておけば、ここでは「保守」は「革新」と背反するものでは必ずしもない。「リフォーム」や「リフォーメーション」は、新しさをもたらす。「リノヴェーション」は「イノヴェーション」のかたちなのである。

世界のメンテナンス作業、そのアフターケアに、古くて新しい技術の豊かな展開可能性はやどっている。この将来の技術はまだまだ開拓されておらず、発展途上にある。

＊1　VA, 15;『技術とは何だろうか』、一〇六ページ。

＊2　プラトン、『饗宴／パイドン』、朴一功・訳、京都大学学術出版会、二〇〇七年、一〇四ページ（205B）。以下『饗宴』からの引用は朴訳による。慣例により、ステファヌス版のページ付けを添える。

＊3　VA, 15;『技術とは何だろうか』、一〇六ページ。

＊4　VA, 15;『技術とは何だろうか』、一〇六ページ。

＊5　『饗宴』のやや立ち入った解釈としては、拙著、『世代問題の再燃——ハイデガー、アーレントとともに哲学する』、明石書店、二〇一七年、の第三章を参照。

＊6　『饗宴』、二一〇–二一六ページ（207A-209E）。〔 〕内に「＝」に続いて記したのは、今日的観点から補った言い換えであ

り、同じく〔〕内に記した例は、6の「ソクラテス」を除いて、プラトンの挙げているものである。

＊7 『饗宴』、一一四ページ（209A）。

＊8 この場合の三つの具体例は、もちろん、プラトン自身が挙げているものではない。

＊9 「われ発見せり *heurēka*」というギリシア語で有名なのがアルキメデスである。入浴の最中、懸案の贋金見破り法を思いつき、喜び勇んで風呂から飛び出し、「ヘウレーカ！」と叫んで、裸で街を走り回ったという故事の伝わる、紀元前三世紀のこの偉大な「発見者」は、近代の精密科学と機械技術の元祖とも言える存在であり、古代にも――プラトン、アリストテレス以後ながら――優れた「ヘウレティコイ」がいたことを示している。

＊10 VA, 33;『技術とは何だろうか』、一三九ページ。一五五ページの訳注25も参照。

＊11 「為されたことの取り返しのつかなさと、赦しの力」と、「行ないの予測のつかなさと、約束の力」に関しては、ハンナ・アーレント、『活動的生』、森一郎・訳、みすず書房、二〇一五年、の第五章「行為」を締めくくる、そう題された二つの節（第三三節と第三四節）を参照。赦しや約束について、ハイデガーは論じていない。

＊12 aftercareという単語を手持ちの古い英和辞典で引くと、「1 病後の手当、後保護、2（刑期終了後の）補導、更生指導」とのみある（『旺文社英和中辞典』、一九七五年初版・一九七八年重版）。同じ系統のやや新しい辞典には、「3（商品購入後の）アフターケアサービス」と付け加えられている（『旺文社新英和中辞典』、一九九九年初版・二〇〇二年重版）。和製英語的意味が英語（米語）として流通するようになった形跡がある。

なお、日本語でもさすがに「ビフォアケア」という言い方はしないが、「予後」という言葉遣いならある。こちらはふつう「病気の治療後の経過」という意味で使われるが、原義は「病気の経過に関する医学上の見通し」であった（『新明解国語辞典』第七版第三刷、三省堂、二〇一三年）。現代生殖テクノロジーの事例で言えば、「出生前診断」は「ビフォアケア」と呼んでよかろう。「事前の心配」が技術的に可能になればなるほど、リスク（教育費負担を含む）回避にますます躍起となり、「案ずるより産むが易し」と言って済ませられない状況が進んでいる。少子化現象自体、「ビフォアケア」の産物という面がある。

ケアに関して、もう一言付け加えると、「ターミナルケア」という言葉があるのなら、「イニシャルケア」という言い方があってもよかろう。終末期医療（終わりへのケア）が大事なように、新生・創設を気遣う「始まりへのケア」も重要である。この「イニシャルケア」は、新しく生まれたものへの「アフターケア」と重なる部分がある。

＊13 VA, 145;『技術とは何だろうか』、七三ページ。本書第2章第2節参照。

＊14 VA, 144;『技術とは何だろうか』、七一－七二ページ。

＊15 VA, 145;『技術とは何だろうか』、七三ページ。

＊16 SZ, 192.

＊17 VA, 145-146;『技術とは何だろうか』、七三－七四ページ。強調は原文。

＊18 VA, 146;『技術とは何だろうか』、七四ページ。

＊19 拙訳『ブレーメン講演とフライブルク講演』と『技術とは何だろうか』の巻末に付した索引を見ていただければ一目瞭然だが、両テクストの最頻出語は、ほかでもなく、「本質 Wesen」である。「～の本質」、「本質～」といった言い回しも乱発される。

＊20 VA, 33;『技術とは何だろうか』、一三八ページ。

＊21 VA, 34;『技術とは何だろうか』、一四〇ページ。

＊22 VA, 34;『技術とは何だろうか』、一四〇ページ。

＊23 wesen という動詞を、「本質を発揮している」と訳す。『ブレーメン講演とフライブルク講演』の拙訳では、私はこの頻出語に「本質的にあり続ける」という訳語をあてた。しかし、「存続する währen」という語によって敷衍される文脈では、「本質的にあり続ける」よりも「本質を発揮している」と訳すほうが、含みが活かせるように思われる。

＊24 VA, 34;『技術とは何だろうか』、一四一ページ。

＊25 VA, 23;『技術とは何だろうか』、一二一ページ。

＊26 VA, 34;『技術とは何だろうか』、一四一ページ。

＊27 VA, 35;『技術とは何だろうか』、一四二ページ。

＊28 VA, 35;『技術とは何だろうか』、一四二ページ。一五六ページの訳注30も参照。

＊29 拙著『世代問題の再燃』第Ⅳ部で展開した「メンテナンスの現象学」を、本書では、「労わりの現象学」および「アフターケアの現象学」として続行しようとしている。

終章

隔世代倫理へ

核時代のテクノロジー論はどこへ？

本書では、一九五〇年代前半にハイデガーが発表した技術論を、どこまで「核時代のテクノロジー論」として今日的に理解しうるか、考えてきた。準備的考察から始めて、三つの講演テクストを順次取り上げ、第5章では、「だが、危機のあるところ、／救いとなるものもまた育つ」という、ハイデガーの愛唱するヘルダーリンの詩句をどう解釈すべきか、に焦点を絞り、第6章でもその解釈を続行した。

しかし、その果てに見出された「作られたものを労わりつつ保つこと」という結論めいたものを、「危機」に際しての「転回」の可能性の一つだと主張することには、まだ腑に落ちない読者もいることだろう。その隙間を埋める作業が依然として残っている。

そのためには、第3章で「労わりの現象学」、また第6章で「アフターケアの現象学」と呼んできた考え方を、第5章の最後でふれた、もう一つの転回可能性、つまり「核テクノロジー時代の憲法」問題に適用することが肝要となる。先回りして言っておけば、そこに浮かび上がってくるものこそ、平和憲法のアフターケア問題にほかならない。

だが、その前に、もう少し振り返っておくべきことがある。

「黒ノート」とはどんなノートか

序章の最初で、ハイデガーが長らく政治的汚名にまみれていることを見た。近年では、「黒ノート」と総称される遺稿が出版され、そこに反ユダヤ主義的とおぼしき言辞が見られるという事情もある。

だが、ゴシップ的話題とは別に、戦中・戦後のハイデガーの関心の跡を示すこの膨大なノートから浮かび上がってくることがある。

一九二〇年代に「実存」に傾注されたハイデガーの関心は、一九三〇年代には「政治」に向けられ、その後、一九四〇〜五〇年代には「技術」に集中させられてゆく。この思索の道程が明らかとなってきたのである。

「黒ノート」は、一九三一〜四一年執筆の『考察 Überlegungen』が、全集第九四、九五、九六巻として、続く一九四二〜五一年執筆の『注記 Anmerkungen』が、全集第九七、九八巻として、続々と公刊された。『注記』執筆年代と重なる一九四七〜五〇年執筆の『四ノート Vier Hefte』は、全集第九九巻として二〇一九年に刊行された。これまでは、反ユダヤ主義的だとして非難の的となった言説を含む『考察』が、「黒ノート問題」とレッテルを貼られ、もっぱら注目されてきた。だが、思うに、「黒ノート」の読みどころは別にある。一九五〇年代に公表された技術論が、次第に形をとってゆく一九四〇年代のハイデガーの思索の轍《わだち》が、『注記』や『四ノート』から窺えるのである。

細かな論点に関しては今後の研究に委ねるほかないが、大筋は以下のようになろう。

1　第二次世界大戦直後の時期の『注記』には、「原子爆弾」への言及が多く見られる。[*1] ハイデガーが世界史上のこの決定的出来事を重視していたことが如実に見てとれる。

2　「物」講演で打ち出されることになる「四方界 Geviert」の思想が、『注記』では一九四八年の「注記V」の後半から形成されてゆく様子が、手にとるように分かる。

3　ハイデガー技術論の最重要概念である「総かり立て体制 Ge-stell」は、『注記』では「Ⅵ」（一九四八／四九年）と「Ⅶ」（一九四九年秋）で彫琢されている。

4　『四ノート』は、ブレーメン講演を皮切りに打ち出されてゆく戦後の技術論の出発点が、一九四四／四五年冬に書かれた「野の道での会話」にあったことを告げている。[*2]

「黒ノート」のうち、『考察』前半部は、フライブルク大学学長となった前後の時期の哲学者の心境を窺わせるドキュメントであり、『考察』後半部は、その後の――『哲学への寄与論稿』に一つの集中的表現が見出される――「出来事 Ereignis」の思想の成立現場を垣間見させる資料となっている。しかし、ハイデガー専門研究的関心を超えて、われわれにとって最も興味深いのは、『注記』と『四ノート』であろう。第二次世界大戦と原子爆弾の爆発という世界史上の大いなる出来事に、哲学者がいかに面前したか、そしてそこからいかにしてみずからの思索の事柄を摑みとったか、を証言しているからである。[*3]つまり「黒ノート」は、ハイデガーの技術論成立の経緯を示すドキュメントだと言ってよい。全集の掉尾《とうび》を飾るこの遺稿群を、政治的スキャンダルにまみれ炎上している現状から救い出し、テクノロジー論の原点へ正当に位置づけ直すことが、今や求められているのである。

もう一つの技術論テクスト

とはいえ、二〇一四年に始まった「黒ノート」刊行事業はまだ途上であり、全容解明の機が熟しているとは言いがたい。私自身、ハイデガーのこの大部の思索日記を読み切ったとは口が裂けても言えないことを、ここに告白する。それゆえ——終章でこう言い出すのはおこがましいが——ハイデガーの技術論の究明作業はいまだ緒に就いたばかり、と言うべきなのである。本書がその捨て石になることを願っている。

そういう限界を自覚しつつ、私としては、やはり公刊著作の重視を原則とし、これまでほとんど扱えなかったもう一つの重要テクスト「放下した平静さ Gelassenheit」を検討しておきたい。第2章で紹介しておいたように、一九五五年に故郷メスキルヒでハイデガーが行なったこの講演は、一九四四/四五年成立の「アンキバシエー」から抜粋され「放下した平静さの究明のために——思索をめぐる野の道の対話より」と題された対話篇と併せて、小冊の一書としてネスケ社から一九五九年に公表された。

先ほど、黒ノート戦中・戦後編から明らかとなる事柄の4でも挙げたが、ハイデガーが戦後に打ち出した技術論の出発点となったのが、敗戦直前の「野の道での会話」だったとすれば、その後、ブレーメン講演や「技術」講演を経て、ハイデガーが辿り着いた一応の到達地点を印づけているのが、「放下する平静さ Gelassenheit」講演なのである。

メスキルヒ出身の作曲家コンラーディン・クロイツァーの生誕一七五年記念日の一九五五年一〇月三〇日に行なわれたこの講演は、地元出の講演者が「土着性 Bodenständigkeit」を強調していることからして、一見地味に見えるが、そのじつ非常に派手な内容を含んでいる。素っ気ないタイトルを補う副題をあえて付ければ、こうなろう——「原子力時代に、地に足の着いた思考はいかにして可能か」[*4]。

講演の中ほどで、「原子力時代」が中心テーマに据えられ、「原子爆弾」から「水素爆弾」、「原子力の平和利用」、「原子力発電所」まで縦横に語られる。本書の第4章で引用した「現代の科学と技術の根本の問い」――原子力発電所が暴走する危険への警鐘と見紛う――が発せられたのも、この文脈においてだった。ひいては、「原子力が巨怪な企業となりうる」ことまで予告されている。*5 それればかりではない。「人間はすでに大地を離れ宇宙へ突入し始めている*6」と、「宇宙時代」すら先取りされているのである。

その年の六月、メスキルヒに近いボーデン湖上のマイナウ島で、オットー・ハーンとマックス・ボルンの呼びかけで集まった、ハイゼンベルク、湯川秀樹らノーベル賞受賞者一八名により、核兵器使用に反対する「マイナウ宣言」が発せられた。七月に同じボーデン湖畔の町リンダウで開かれたノーベル賞受賞者会議で、この核兵器反対宣言が提言されている。前年一九五四年には、ビキニ環礁水爆実験と第五福竜丸の放射能被曝という出来事が起こっている。この悲劇に端を発して世界に広がった反核運動の歴史に名をとどめる、このマイナウとリンダウでの会合のどちらにも、ハイデガーは講演中で言及している。直前に近隣で起こり国際的に脚光を浴びたニュースを、講演者は強烈に意識していた。

ただし、ハイデガーは注意深くも、科学者による核兵器反対声明の内実には言及せず、「科学とは、より幸福な人間生活に至る道である」とする声明中の言葉のみ引いている。*7 科学者の良識的な連帯行動にこう皮肉に応対するのみならず、リンダウ会議でのウェンデル・スタンリー（マイナウ宣言に署名したアメリカの化学者）の発言、「化学者が生命を掌中に収め、生物を意のままに減成、増成、変更するようになる時は近い」を引いたうえで、ハイデガーはこうコメントしている。「ここでは、技術を手段として、人間の生命と本質に対する攻撃が準備されています。それに比べれば、水素爆弾の爆発など、物の数ではありません」[*8]。もとより、生命への攻撃のもつ破壊力は、水爆のそれと同列には論じられないはずだが、かの「一緒くた的論法」の妙味は、ここでも健在である。

核テクノロジー時代の幕開けが同時に、生命テクノロジー時代の開幕を意味するものでもあったことを、ハイデガーは冷静に見据えていた。この講演には、「総かり立て体制」という言葉こそ出てこないものの、「挑発 herausfordern」という用語は用いられている[*9]。相手をけしかけ、煽り立て、隠された本性を暴き出して「顕現」させ、ついに新しい始まりをひらく——こうした攻撃性格は、まさしく生命工学的プロジェクトに当てはまる。原子力時代に対するハイデガーの診断は、挑発を本質とするテクノロジーがいよいよ猛威をふるっている二一世紀の今日、そのアクチュアリティを失っていない。

放下して物へとかかわる平静さ

原子力時代に対するハイデガーの鋭敏な問題意識は、時代の動向に見合って、この時期、極点に達した。その感受性は、一九五五/五六年講義『根拠の命題』と、同名講演(一九五六年)に、さらにフライブルク連続講演の第三講演「同一性の命題」(一九五七年)にも、強烈に窺える[*10]。だが何といっても「放下した平静さ」には、他のテクストには見られない特長がある。ほかでもない、「放下して物へとかかわる平静さ」の思想である。これをハイデガーは講演の結論部で、「来たるべき」「新しい土着性[*11]」として打ち出している。

上掲の、「黒ノート」から窺える四点のうちの2と3が一対の形で、ここに関係してくる。つまり、ブレーメン第一講演「物」と、第二講演「総かり立て体制」（および第三講演「危機」と第四講演「転回」）との懸隔を、どう埋めたらよいか。言い換えれば、「四方界」vs「総かり立て体制」という、どぎつく引き裂かれたコントラストを、どう調停させるか。思えばこの橋架けは、「技術」講演の終盤で、「救いとなるもの」として問い求められたものでもあった。この課題に解決をもたらすかのように、ハイデガーが持ち出す二重の態度こそ、「放下して物へとかかわる平静さ Gelassenheit zu den Dingen」と、「秘密へと身をひらく開放性 Offenheit für das Geheimnis」にほかならない。

ここで語られているのは、「放下して物へとかかわる平静さ」であって、たんなる「放下した平静さ」一般ではないことに注意しよう。また、この講演と併せて発表された対話篇「放下した平静さの究明のために」――一九四四／四五年成立の「アンキバシエー」の後半のうち、「放下した平静さ」について述べられた部分――で繰り返し語られる「放下して会域へとかかわる平静さ Gelassenheit zur *Gegnet*」でもないことに注意したい。

「アンキバシエー」に特有なハイデガー語「会域 Gegnet」は難解だが、ひとまず「四方界 Geviert」の先行形態と考えられる。『存在と時間』期には超越論的地平として解されていた「世界」概念を、その超越論哲学的含意を払拭しようとして言い換えたのが、「会域」なのである。[*12]「物」講演で「物と四方界」のペアが語られることからすれば、四方界の先行形態としての「会域」へとかかわる放下した平静さと、四方界をやどり続けさせる「物」へとかかわる放下した平静さとでは、話が違ってくるのは明らかである。

世界への放下と、物への放下。この差異は何を意味するのか。一九五五年の講演「放下した平静さ」では、「物」についてのみ語られ、「世界」（会域または四方界）については語られていない。「放下して物へとかかわる平静さ」という言い方は、少なくとも、技術論において「物」の重みがいっそう増したということを意味するだろう。

「放下して物へとかかわる平静さ」という表現で、いっそう重要な点がある。ここで「物 Dinge」と言われているのは、総かり立て体制下での「徴用物資」の対極をなし、四方界をやどり続けさせる「物」——瓶とか古い石橋とか古民家とか——と同じではない。「放下」講演では、むしろ、原子力時代によって規定された「技術的世界」という大枠の下での「技術的対象物 die technischen Gegenstände」が、「物」と呼ばれている。だから、ここには「物」と「徴用物資」の対比は見出せない。どんなに高度なテクノロジーの産物であれ、「物」へとかかわる放下した平静さが重要なのだ、と言われているのである。

では、それはいったいどんな態度なのか。ハイデガーはこう説明している。

> なるほどわれわれは、技術的対象物を利用しますが、それでいて同時に、事柄に相応しいどんな利用をするにせよ、それらから身を離したまま保つことで、それらをいつでも去るに任せることができます。われわれは技術的対象物を、それらが使用されざるをえない仕方で使用することができます。しかしわれわれは同時に、そういった対象物を、内奥において本来はわれわ

れに関係ないものとして、放置したままにすることができるのです。われわれは、技術的対象物を不可避的に利用することに対して、「然り」と言うことができます。しかも同時に、それらがわれわれを独占しようと要求してくることによってわれわれの本質を歪曲し、混乱させ、ついには荒廃させることのないよう、それらを拒むかぎりにおいて、「否」ということができるのです。*13

ここに言う「身を離したまま保つ sich freihalten」、「去るに任せる loslassen」、「放置したままにする auf sich beruhen lassen」といった、自由放任の境地——いわば「存続を認めること」——が、「放下した平静さ Gelassenheit」という一語で言い表わされる。「技術的対象物に対して、「然り ja」を言うと同時に「否 nein」を言う態度」こそ、「放下して物へとかかわる平静さ」と呼ばれるものにほかならない。*14

しかしながら、現代技術の提供する物品に対して、是々非々の両義的態度で臨むことが、「放下した平静さ」なのだとすれば、それは結局、どっちつかずの煮え切らなさか、善いとこ取りの打算か、日和見的便宜主義に陥るほかないのではないか。ハイデガー技術論の行き着くところ、「要は使い方次第」論に帰着するのなら、そんな程度の議論を後生大事に崇めるのは止めたほうがよい。第一それは、道具主義的技術観とどこが違うのか。そう疑義が呈されてもおかしくない。

この当然の疑義に、われわれはどう答えるべきか。

新しいものにこそアフターケアが必要

第6章で、「作られたものを労わりつつ保つこと」という「物への配慮」が語られたとき、どちらかと言えば、工芸品の継続的使用とか公共建築や国土の維持保全とかが思い浮かべられていた。だが、原子力時代の「放下して物へとかかわる平静さ」の場合、その「物」は、最新鋭の機器や装置類であったりする。矢継ぎ早に開発される先端テクノロジーの産物に対して、どういう態度で接するかが今や問われているのである。

かつて固定電話の時代に鳴り物入りで登場したポケベルが、やがて携帯電話に取って代わられ、今度はスマートフォンの登場によりケータイはガラケーと化し、さらにスマホはスマホで、めまぐるしくヴァージョンアップされ、早くも次世代通信機器の開発か……と、われわれは、新型製品に対し、使い捨て、投げ捨て一辺倒の態度をとりがちである。

そうした投げ遣りで冷淡な態度と、「放下した平静さ」が異なっているとすれば、それは、「新しく作られたものを労わりつつ保つこと」が具わっているかどうか、であろう。

どんな物でも当初は、はじめて作られた新しいものだった。そしてその点では、今まさに新しく作られる物でも変わらない。新しいものが作られるとき、それは一定期間、継続して使われることになる。そのタイムスパンは物によって長短さまざまだが、それぞれの「寿命」に応じて、物は使いこなされてゆく。アフターケアを要するのは、なにも骨董品だけではない。新製品は、相応の労わりによって育まれて、はじめて活用される。

新しい物を迎え入れ、新しさを見守り、育もうとする、始まりへの気遣い。古い物とは別の仕方で、新しい物に対しても、いや、新しい物に対してこそ、アフターケアが、つまり「イニシャルケア」でもある労わりが、必要なのである。――古くなった物に対して、処分や再利用という仕方での「ターミナルケア」が求められるように。

新しい物を受け入れる者たちも、迎え入れとともに、相応の新しい付き合い方をはじめて学ぶ。自分たちの慣れ親しんできた通則とは違った物が到来する場合、その違和感から、新しさの闖入を阻み、それに抵抗することもあろう。だが、そういうこだわりから自由になって、新しさの到来に対して身を開く態度も、持ち合わせなければならない。なぜか。さもなければ、古さへの固着によって自身が朽ちていかざるをえないからである。

「秘密へと身を開く開放性」と言われていたものが、ここでヒントを与えてくれる。「秘密 Geheimnis」は普通のドイツ語だが、ハイデガーの用法は理解が難しい。だが、総じて新技術には秘め隠された面が付きまとう、という意味に解すれば分からなくもない。新たに開発された製品が、どんな始まりをもたらすか、あらかじめ算定することは困難である。第5章で「予測のつかなさ」と呼んだ偶然性格は、出来事一般の本質に属しており、それは技術開発という出来事に関しても当てはまる。始まりを育むことには、将来どう転ぶか皆目分からないという「リスク」が本来備わっている。その危険をどこまで積極的に受け止められるかに、始まりを育むことができるかどうかは懸かっている。

始まりを迎え入れる用意のある開かれた性格が、「秘密へと身を開く開放性」と言われているのだとすれば、それが「放下して物へとかかわる平静さ」と一対をなすのも、納得がいく。「秘密」とは、新しい始まりに付きまとう測りがたさだと解されるのである。

「放下して物へとかかわる平静さ」をどう解するかは、第3章で「物たちのもとでの滞在」と言われていた問題系の続行という意味をもつ。新しく作り出される物たちに見合った労わりのかたちが、今や問題となっている。ハイデガーはそうしたケアのあり方を、技術時代にふさわしい「新しい土着性」と名づけようとしているのである。「放下した平静さ」の締めくくり近くで、ハイデガーはこの「新しい土着性」をこう敷衍している。

> 放下して物へとかかわる平静さと、秘密へと身を開く開放性が、われわれのうちに目覚めるとき、新しい根底と地盤へと導く一すじの道にわれわれは到達するかもしれません。この地盤のうちで、永続する作品の創造が、新しい根を張ることもありうるのです。[*15]

「新しい根底と地盤」のうちで「永続する作品の創造が、新しい根を張る」。この新しい土着思想には――方言詩人ヘーベルの言葉「われわれは草木である」[*16]が反響しているのみならず――「救いとなるものが育つ」というヘルダーリン的モティーフの反復がある。これに見合った新しいものの生育を、われわれはどこに見出すことができるだろうか。

憲法のアフターケア

技術時代が進むにつれ、われわれの日常生活は、「新しい物たちのもとでの滞在」とでも言うべき様相をますます呈している。新しさに踊らされたり振り回されたりすることなく、かといって、敵視したり憎悪したりすることなく、おおらかな態度で臨むことが求められている。始まりへの労わりは、人工知能やロボットに対しても発揮されてよい。ドローン無人爆撃機やクローン人間にも、作ったら作りっぱなしという製造物無責任的態度では、復讐に遭うのは目に見えている。新しい土着はいかにして可能か、と気遣う放下した平静さは、新しい物たちとの共存の倫理を導くものとなりうるかもしれない。

ここで本題に戻ろう。原子力時代において「新しい物」の極みであったのは、原子爆弾であり、原子力発電所である。殲滅兵器や超湯沸かし器へとかかわりつつ「放下した平静さ」を保つのは並大抵ではなさそうだが、それらにもアフターケアが必要であることは、言うまでもない。核廃絶の理想を抱くこと、放射性廃棄物の管理技術を開発することは、それぞれの仕方での「ターミナルケア」のかたちと考えることもできよう。

さて、われわれは第5章の最後で、それとはまた別の、大いなるイニシャルケア問題に直面していることに気づかされた。この地上に原子爆弾が二度炸裂し、戦争の無意味さが究極的に露呈した瞬間、そこに平和憲法という新しい約束が生まれた。戦争の神の死は、同時に新しい時代の萌芽を人類に贈り与えたのである。危機が極まったとき生まれたその芽は、「救いとなるもの」でありうるのだろうか。そうわれわれは自問したのだった。いよいよこのテーマに立ち返るべき時である。

世界大戦の泥沼が行き着くところまで行き、究極兵器が急ピッチで開発を進められ、ついに二発の核爆発により広島と長崎は焼き尽くされた。その瞬間、時代は一変した。死すべき人間たちは一挙に、「絶滅への共同存在」と化した。どんなに重装備の軍備を持ち合わせようとも、万人平等の滅亡可能性から逃れることはできない。核時代は、その精華たるテクノロジーによって、この真実を完膚なきまでに顕現させた。その時、まさにこの恐るべき真実を逆手にとって、国家としての交戦権の否認のみならず戦力保持の自己放棄まで宣言するという、従来の国家主権の自己否定にも等しい、ラディカルな平和戦略の思想が芽生えた。この新しい平和思想が書き込まれたのが、日本国憲法であった。

総力戦のどん底から崇高な平和主義へというアクロバット的仕方で遂行されたこの逆転劇は、まさに「秘密へと身を開く開放性」なしには理解できそうにない。では、「放下して物へとかかわる平静さ」も導きの糸となりうるだろうか。だが話はそう単純はない。

一国の憲法の制定は、物作りとは異なる。むしろそれは、約束という共同行為である。それを、制作モデルで考えるわけにはいかない。新憲法は、旧憲法にすげ替えられる「新しい物」ではない。共同体は、制作されるのではなく、創設される。とはいえ、アフターケアの必要という点では、アナロジーはたしかに成り立つ。「新しく創られたものを労わりつつ保つこと」は、一方で、たんなる護持や墨守ではありえず、他方で、とっかえひっかえの改革路線とも異なる。あくまでそれは「始まりへの気遣い」でなければならず、しかも憲法の場合、世代から世代へ連綿と受け継がれる共同事業であらざるをえない。かくも大いなるイニシャルケアをいかに発揮するか。その率先垂範《イニシアティヴ》の本気度が、平和憲法のメンテナンス問題という形でわれわれに今まさに問われているのである。

隔世代倫理へ

平和憲法を論じるさい、心しておかねばならないことがある。核テクノロジーの時代に、戦争の神は死んだ。その時代の続くかぎり、復活はありえない。戦争は端的に無意味だということは、一九四五年以来、自明の真理となった。それは永遠の真理ではないだろうが、核時代の続くかぎり、つまり人類が存続するかぎり、真実であり続けるだろう。

その真実に見合ったものが平和憲法に存するということは、その憲法のメンテナンス問題が、そのつどの党派的思惑を超えた普遍性をもつということであり、未来永劫の人類にとって重要テーマであり続けるということである。同様に、未来世代に永続的に贈られるもの――ハイデガーの言う「運命の巧みな遣わし」――として、核テクノロジーそのものがあり、その副産物としての放射性廃棄物や、原発過酷事故の廃墟等がある。それら「新しい物」は、はるか後代の人たちにとっては「古い物」以外の何物でもない。そのような遺贈を遠い未来世代に現に行なっているわれわれ現在世代に帰せられるべき責任について語る倫理があるとすれば、それは「間世代倫理」ではもはや足りない。むしろそれは「隔世代倫理」と表示されるべきものであろう。この超倫理が必須とされるのはなぜかと言えば、ほかでもない、われわれの生きている時代が「核時代」だからである。

そして、まさにそれと同じ意味で、平和憲法の遺贈は、隔世代倫理の主題となりうる。何千年も昔の思索が今日のわれわれに霊感を与えているように、現代人の平和への希求は、はるか後代の人びとを鼓舞することだろう。だからわれわれは、かくも宏大な倫理的地平において、われわれの憲法メンテナンス問題を慎重かつ大胆に論じてよいのだ。そのおおらかさが「放下した平静さ」と言えるかは分からないが、「新しく創られたものを労わりつつ保つこと」の一実践となりうるのはたしかであろう。

＊1 「原子爆弾 Atombombe」の語が出てくる『注記』の箇所には、以下が挙げられる。GA97, 60, 127, 151, 154, 232, 413; GA98, 22. 原爆の「応用可能性」(GA97, 151)、「原子核分裂」(GA97, 438)、「原子力の貯蔵と応用」(GA97, 464)、「将来建設される原子力装置」(GA98, 22) にも言及される。

＊2 『四ノート』の冒頭近くに、こうある。「野の道は、でっち上げられた対話ではなく、思索の言葉である」(GA99, 8)。この場合の「野の道」とは「野の道での会話」のことを指す（高名なエッセイ「野の道 Der Feldweg」(GA13) が書かれたのは一九四九年）。

＊3 『注記』と『四ノート』以降も、「黒ノート」と総称される遺稿は書かれており、全集で出版される予定である。だが、『四ノート』あたりまでで、最重要部分は揃うことになるのではなかろうか。一九五一年に教授資格停止処分を解かれ、冬学期より講義を再開したハイデガーは、自説を公表する機会に恵まれるようになった。

＊4 辻村公一は、ドイツでは未公刊だった一九五八年にこの講演テクストを邦訳したさい、講演原稿に基づいて訳しており、ドイツ語の公刊テクストでは削除されることになったいくつかの箇所も、丸カッコ内に訳出している。本文第一段落の最後には、こうある。「(私がお話し申し上げようと思ひますのは、次のやうな問であります。すなはち、原子時代の人間に果してなお何等かの土着性が授けられるであらうか。)」(『放下』、辻村公一・訳、理想社、一九六三年、一五ページ)。

＊5 G, 17 = GA16, 522;『放下』、一七ページ。

＊6 G, 18 = GA16, 523;『放下』、一九ページ。

＊7 G, 17 = GA16, 523;『放下』、一八ページ。

＊8 G, 20 = GA16, 525;『放下』、二二ページ。

＊9 G, 22 = GA16, 526;『放下』、二五ページ。

＊10 まず、「放下した平静さ」より少し前の一九五五年八月の講演「それは何か——哲学とは?」では、「人類史の一時代を「原子力時代」と表わす」のは、「科学によって発見され解放された原子力が、歴史の歩みを決定するとされる力と考えられている」からだ、とされた (GA11, 10)。また、一九五六年五月の講演「ヘーベル——家の友」では、たとえ「原子力が平和目的のためにのみ用いられるとしても」、人間の本質は失われざるをえない、と通告されていた (GA13, 146)。

＊11 G, 21 u. 24 = GA16, 526 u. 528;『放下』、二四ページおよび二八ページ。

＊12 たとえば、「放下した平静さの究明のために」で「会域 Gegnet」と記されている箇所 (G, 66 = GA13, 69;『放下』、一一五ページ) が、元々の「野の道での鼎談」では、「世界 Welt」と記されていた (GA77, 149)。ちなみに、ブレーメン講演では、「四方界 Geviert」と「世界 Welt」はほぼ同

義で用いられる。

＊13 G, 22-23 = GA16, 526-527;『放下』、二五－二六ページ。

＊14 G, 23 = GA16, 527;『放下』、二六ページ。なお、Gelassenheit は、マイスター・エックハルトの（「放下」と訳される）用語ともされるが、「落ち着き・平静さ」の意味でふつうにドイツ語で用いられる（形容詞 gelassen は「落ち着いた・冷静沈着な」の意）。本書では、神秘主義的ニュアンスをなるべく避けて、平明に解釈しようと努めている。

＊15 G, 26 = GA16, 529;『放下』、三一ページ。

＊16 G, 14, 25 = GA16, 521, 529;『放下』、一四ページ、三一ページ。

参考文献

Arendt, Hannah［1960］*Vita activa oder Vom tätigen Leben*, Kohlhammer; ハンナ・アーレント、『活動的生』、森一郎・訳、［二〇一五］、みすず書房

Arendt, Hannah / Heidegger, Martin［1998］*Briefe 1925-1975*, Klostermann;『アーレント＝ハイデガー往復書簡　一九二五－一九七五』、大島かおり、木田元・訳、［二〇〇三］、みすず書房

Aristoteles［1894］*Ethica Nichomachea*, Bywater, Ingram (ed.), Clarendon Press; アリストテレス、『ニコマコス倫理学』上／下、高田三郎・訳、［一九七一／七三］、岩波書店（岩波文庫）；渡辺邦夫、立花幸司・訳、［二〇一五／一六］、光文社（光文社古典新訳文庫）

Aristotle［1924］*Metaphysics*, a revised text with introduction and commentary by Ross, William David, 2 vols., Clarendon Press; アリストテレス、『形而上学』上／下、出隆・訳、［一九五九／一九六一］、岩波書店（岩波文庫）

Derrida, Jacques［1987］*De l'esprit. Heidegger et la question*, Galilée; ジャック・デリダ、『精神について　ハイデガーと問い』、港道隆・訳、［一九九〇年］、人文書院; 同、［二〇〇九］、平凡社（平凡社ライブラリー）

Farias, Victor［1987］*Heidegger et le nazisme*,Verdier; Farias, Victor［1989］*Heidegger und der Nationalsozialismus*, Fischer; ヴィクトル・ファリアス、『ハイデガーとナチズム』、山本尤・訳、［一九九〇］、名古屋大学出版会

Goethe, Johann Wolfgang von［1951］*Die Wahrverwandtschaften*, Goethes Werke, Hamburger Ausgabe in 14 Bänden, Bd. VI, Christian Wegner; ゲエテ、『親和力』、実吉捷郎・訳、［一九五六］、岩波書店（岩波文庫）

Heidegger, Martin［1927］*Sein und Zeit*, Niemeyer, 15. Aufl., 1979（＝SZ）；マルティン・ハイデガー、『存在と時間』Ⅰ～Ⅲ、原佑、渡邊二郎・訳、［二〇〇三］、中央公論新社（中公クラシックス）；『存在と時間』、高田珠樹・訳、［二〇一三］、作品社

Heidegger, Martin［1954］*Vorträge und Aufsätze*, Neske, 5. Aufl. 1985（＝VA）；マルティン・ハイデッガー、『技術への問

い』、関口浩・訳、〔二〇〇九〕、平凡社；同、〔二〇一三〕、平凡社ライブラリー〔「技術への問い」、「科学と省察」、「形而上学の超克」を収録〕；マルティン・ハイデガー、『技術とは何だろうか　三つの講演』、森一郎・編訳、〔二〇一九〕、講談社（講談社学術文庫）、〔「物」、「建てること、住むこと、考えること」、「技術とは何だろうか」を収録〕

Heidegger, Martin〔1959〕*Gelassenheit*, Neske, 8. Aufl. 1985（＝G）；『ハイデッガー選集15　放下』、辻村公一・訳、〔一九六三〕、理想社

Heidegger, Martin〔1962〕*Die Technik und die Kehre*, Neske, 9. Aufl. 1996;『ハイデッガー選集18　技術論』、小島威彦、アルムブルスター・訳、〔一九六五〕、理想社

Heidegger Gesamtausgabe Bd. 7〔2000〕*Vorträge und Aufsätze*（＝GA7）, Klostermann

Heidegger Gesamtausgabe Bd. 9〔1976〕*Wegmarken*, Klostermann;『ハイデッガー全集第九巻　道標』、辻村公一、ハルトムート・ブュナー・訳、〔一九八五〕、創文社

Heidegger Gesamtausgabe Bd. 11〔2006〕*Identität und Differenz*, Klostermann

Heidegger Gesamtausgabe Bd. 13〔1983〕*Aus der Erfahrung des Denkens*, Klostermann;『ハイデッガー全集第一三巻　思惟の経験から』、東専一郎、芝田豊彦、ハルトムート・ブッナー・訳、〔一九九四〕、創文社

Heidegger Gesamtausgabe Bd. 16〔2000〕*Reden und andere Zeugnisse eines Lebensweges*, Klostermann

Heidegger Gesamtausgabe Bd. 19〔1992〕*Platon: Sophistes*, Klostermann

Heidegger Gesamtausgabe Bd. 24〔1975〕*Grundprobleme der Phänomenologie*, Klostermann;『ハイデッガー全集第二四巻　現象学の根本諸問題』、溝口兢一、松本長彦、杉野祥一、セヴェリン・ミュラー・訳、〔二〇〇一〕、創文社

Heidegger Gesamtausgabe Bd. 62〔2005〕*Phänomenologische Interpretationen ausgewählter Abhandlungen des Aristoteles zur Ontologie und Logik*, Klostermann; マルティン・ハイデガー、『アリストテレスの現象学的解釈　『存在と時間』への道』、高田珠樹・訳、〔二〇〇八〕、平凡社〔全集六二巻に付録として収録された、いわゆる「ナトルプ報告」の翻訳〕

Heidegger Gesamtausgabe Bd. 65〔1989〕*Beiträge zur Philosophie (Vom Ereignis)*, Klostermann;『ハイデッガー全集第六五巻

哲学への寄与論稿（性起から〔性起について〕）』、大橋良介、秋富克哉、ハルトムート・ブフナー・訳、［二〇〇五］、創文社

Heidegger Gesamtausgabe Bd. 77［1995］*Feldweg-Gespräche (1944/45)*, Klostermann（=GA77）；『ハイデッガー全集第七七巻　野の道での会話』、麻生建、クラウス・オピリーク・訳、［二〇〇三］、創文社

Heidegger Gesamtausgabe Bd. 79［1994］*Bremer und Freiburger Vorträge*, Klostermann（=GA79）；『ハイデッガー全集第七九巻　ブレーメン講演とフライブルク講演』、森一郎、ハルトムート・ブフナー・訳、［二〇〇三］、創文社

Heidegger Gesamtausgabe Bd. 90［2004］*Zu Ernst Jünger*, Klostermann

Heidegger Gesamtausgabe Bd. 94［2014］*Überlegungen II-VI (Schwarze Hefte 1931-1938)*, Klostermann

Heidegger Gesamtausgabe Bd. 95［2014］*Überlegungen VII-XI (Schwarze Hefte 1938/39)*, Klostermann

Heidegger Gesamtausgabe Bd. 96［2014］*Überlegungen XII-XV (Schwarze Hefte 1939-1941)*, Klostermann

Heidegger Gesamtausgabe Bd. 97［2015］*Anmerkungen I-V (Schwarze Hefte 1942-1948)*, Klostermann

Heidegger Gesamtausgabe Bd. 98［2018］*Anmerkungen VI-IX (Schwarze Hefte 1948/49-1951)*, Klostermann

Heidegger Gesamtausgabe Bd. 99［2019］*Vier Hefte I und II (Schwarze Hefte 1947-1950)*, Klostermann

Heisenberg, Werner［1927］"Über den anschaulichen Inhalt der quantentheoretischen Kinetik und Mechanik", *Zeitschrift für Physik* 43; ウェルナー・ハイゼンベルク、「量子論的な運動学および力学の直観的内容について」、河辺六男・訳、［一九七八］、『中公バックス世界の名著80　現代の科学II』、湯川秀樹、井上健・責任編集、中央公論社

Heisenberg, Werner［1955］*Naturbild der heutigen Physik*, Rowohlt; ウェルナー・ハイゼンベルク、『現代物理学の自然像』、尾崎辰之助・訳、［一九六五］、みすず書房

Hölderlin, Friedrich［1923］Sämtliche Werke. Historisch-kritische Ausgabe Bd. 4, 2. Aufl., Propyläen-Verlag; フリードリヒ・ヘルダーリン、『ヘルダーリン全集2　詩II』、手塚富雄、浅井真男・訳、［一九六七］、河出書房

池辺寧［二〇一二］「ハイデガーと住むことの問題——共に住む者としての人間」、『哲學』第六三集、広島大学哲学会

Jünger, Ernst［1930］"Die totale Mobilmachung", Ernst Jünger (ed.), *Krieg und Krieger*, Junker & Dünnhaupt; エルンスト・ユンガー、「総動員」、『追悼の政治　忘れえぬ人々／総動員／平和』、川合全弘・訳、［二〇〇五］、月曜社

Jünger, Ernst［1932］*Die Arbeiter. Herrschaft und Gestalt*, Hanseatische Verlagsanstalt; エルンスト・ユンガー、『労働者　支配と形態』、川合全弘・訳、［二〇一三］、月曜社

逸見英夫［二〇〇〇］『水力発電は仙台から始まった　三居沢発電所物語』、創童舎

水田一征［二〇〇五］「翻訳　建てること、住むこと、思惟すること――マルティン・ハイデガー著」、『広島工業大学紀要研究編』第三九巻

Jaspers, Karl［1958］*Die Atombombe und die Zukunft der Menschen. Politisches Bewußtsein in unserer Zeit*, Piper; カール・ヤスパース、『現代の政治意識』上／下、飯島宗享、細尾登・訳、［一九六六／一九七六］、理想社

嶺秀樹［二〇〇二］『ハイデッガーと日本の哲学――和辻哲郎、九鬼周造、田辺元』、ミネルヴァ書房

森一郎［二〇〇八］『死と誕生――ハイデガー・九鬼周造・アーレント』、東京大学出版会

森一郎［二〇一三］『死を超えるもの――3・11以後の哲学の可能性』、東京大学出版会

森一郎［二〇一六］「エネルゲイアのポリス的起源――アーレントとアリストテレス」、『理想』第六九六号、特集「アリストテレス――その伝統と刷新」、二〇一六年三月、理想社

森一郎［二〇一七］『世代問題の再燃――ハイデガー、アーレントとともに哲学する』、明石書店

森一郎［二〇一八］『ハイデガーと哲学の可能性――世界・時間・政治』、法政大学出版局

中村貴志編・訳［二〇〇八年］『ハイデッガーの建築論――建てる・住まう・考える』、中央公論美術出版

Nietzsche, Friedrich［1980］*Die fröhliche Wissenschaft*, Friedrich Nietzsche Sämtliche Werke. Studienausgabe Bd. 3, Deutsche Taschenbuch / Grutyer; フリードリヒ・ニーチェ、『愉しい学問』、森一郎・訳、［二〇一七］、講談社（講談社学術文庫）

Ortega y Gasset, Jose［1951］"Der Mythus des Menschen hinter der Technik", *Mensch und Raum: Das Darmstäder Gespräch 1951*, Bartning, Otto (ed.), Vieweg, 1991; ホセ・オルテガ・イ・ガセット、「技術の彼岸にある人間の神話」、伊藤哲夫・

水田一征編・訳、『哲学者の語る建築——ハイデガー、オルテガ、ペゲラー、アドルノ』、［二〇〇八］、中央公論美術出版
Schneeberger, Guido, *Nachlese zu Heidegger*, Bern, 1962; グイード・シュネーベルガー、『ハイデガー拾遺——その生と思想のドキュメント』、山本尤・訳、［二〇〇一］、未知谷
高木八尺、末廷三次、宮沢俊義・編［一九五七］『人権宣言集』、岩波書店（岩波文庫）
高橋和之・編［二〇一二］『新版　世界憲法集　第2版』、岩波書店（岩波文庫）、
田邊元［一九二四］「現象学に於ける新しき転向」、『思想』一九二四年一〇月号、岩波書店（『田邊元全集　第四巻』、一九六三年、筑摩書房、所収）
Plato［1901］*Symposium*, Platonis Opera tomus II, John Burnet (ed.), Clarendon Press; プラトン、『饗宴／パイドン』、朴一功・訳、［二〇〇七］、京都大学学術出版会
トラヴニー、ペーター、中田光雄、齋藤元紀・編［二〇一五］『ハイデガー哲学は反ユダヤ主義か——「黒ノート」をめぐる討議』、水声社
Weinberg, Steven［2003］*The Discovery of Subatomic Particles*, Revised Edition, Scientific American Books; スティーヴン・ワインバーグ、『新版　電子と原子核の発見　20世紀物理学を築いた人々』、本間三郎・訳、［二〇〇六］、筑摩書房（ちくま学芸文庫）
山之内靖［二〇一五］『総力戦体制』、筑摩書房（ちくま学芸文庫）
山本英輔、小柳美代子、齋藤元紀、相楽勉、関口浩、陶久明日香、森一郎・編、［二〇一二］『科学と技術への問い——ハイデッガー研究会第三論集』、理想社
山本義隆［二〇一八］『近代日本一五〇年——科学技術総力戦体制の破綻』、岩波書店（岩波新書）

読書案内

ハイデガーから出発して、核時代のテクノロジー問題をじっくり考えるために……森一郎

序章でふれたように、日本は長らくハイデガー受容史上世界のトップリーダーだったが、近年その地位は怪しくなってきた。その一因として、ハイデガー全集の日本語版を出版してきた創文社が二〇二〇年をもって解散となり、邦訳全集の刊行事業が足踏みし、既刊本も入手困難になっている実情がある。別の出版社からハイデガー全集の出版事業は再開される見通しのようだが、当面、新刊も復刊も期待できない。ハイデガーに関心を抱き、日本語訳で読むことから始めようとする一般読者や学生には、厳しい状況となっている。たとえば、「黒ノート」の翻訳刊行は、英語でも中国語でもすでに始まっているが、日本語では当分望めない。私が以前訳した『**ハイデッガー全集第七九巻　ブレーメン講演とフライブルク講演**』なども、古書では高値がつき、図書館で借りていただくほかない。

というわけで(?)本書の読者には、まず何といっても『**技術とは何だろうか**』(森一郎編訳、講談社学術文庫)を薦める。"Die Frage nach der Technik"は関口浩訳の『技術への問い』(平凡社ライブラリー)でも読めるが、「物」と「建てること、住むこと、考えること」を併録し、薄い文庫で出したことには意味があると思う。邦訳が十種類以上ある『存在と時間』は別格として、後期ハイデガーのテクストの文庫版では、渡邊二郎訳『「**ヒューマニズム**」**について**』(ちくま学芸文庫)がお勧めなのは言うまでもないだろう。

これまた序章でふれたように、ハイデガーの弟子筋には、テクノロジーに関して踏み込んだ考察を行なった論客が目立つ。科学技術時代の倫理を開拓した現代の古典として名高いのは、**ハンス・ヨーナス**『**責任という原理**』(加藤尚武監訳、東信堂)。その基礎として『**生命の哲**

学』(細見和之他訳、法政大学出版局)も重要。**ギュンター・アンダース**の仕事、とくに『**時代おくれの人間**』上・下、『**核の脅威**』(いずれも青木隆嘉訳、法政大学出版局)は、まさに「核時代のテクノロジー論」と称されてよい。アンダースの元妻で、ヨーナスの親友でもあった**ハンナ・アーレント**の主著『**人間の条件**』(志水速雄訳、ちくま学芸文庫)——ドイツ語版からの邦訳は『**活動的生**』(森一郎訳、みすず書房)——は、ハイデガーを踏まえた独自の科学技術論として読むことができる。『**過去と未来の間**』(齋藤純一他訳、みすず書房)所収の歴史論やテクノロジー論も併読されたい。

テクノロジー論および労働論の古典として、やはり、**マルクス**『**資本論**』(全九冊、岡崎次郎訳、大月書店国民文庫)を忘れるわけにはいかない。第一巻「資本の生産過程」の全体が重要だが、とくに第四篇「相対的剰余価値の生産」(国民文庫版では第二分冊)は、哲学的技術論として不朽の価値をもつ。マルクーゼや三木清がつとに着目したように、ハイデガーの存在論はマルクスの経済学批判と相性がよい。私は以前これを、「時間のテクノロジー」という言葉で説明したことがある(拙著『ハイデガーと哲学の可能性　世界・時間・政治』法政大学出版局、の第九章「技術と生産　ハイデガーからマルクスへ」参照)。

ハイデガー哲学への導入としては、ひとまず、秋富克哉・安部浩・古荘真敬・森一郎編『**ハイデガー読本**』『**続・ハイデガー読本**』(法政大学出版局)がある。その寄稿者の一人、**後藤嘉也**の『**ハイデガーとともに、ハイデガーに抗して　無意味な世界における意味の誕生**』(晃洋書房)には、3・11以後の思考の可能性を拓く試みが見出される。日本にハイデガー学者は少なくないが、東日本大震災と福島原発事故の衝撃を受け止めて率直に発信している例は多くない。宝の持ち腐れのような現状をどうにか打破したいものだ。

その願いをこめて出した拙著が、『**死を超えるもの　3・11以後の哲学の可能性**』(東京大学出版会)、『**世代問題の再燃　ハイデガー、アーレントとともに哲学する**』(明石書店)、『**現代の危機と哲学**』(放送大学教育振興会)。この放送大学印刷教材は、本書の姉妹編でもある。

あとがき

哲学に何ができるか――この問いに答えてくれそうな相手として、私はハイデガーの哲学を選んだ。3・11を経験し、自分の選択は間違っていなかったと改めて確信したが、文献研究としては邪道かもしれない。万巻の書を虱潰《しらみ》しに調べ上げる文献学者の覚悟があるとも言いがたい。それでも、「文献学Philologie」の語源にあたる語句は、私の好みに合っている。「ロゴスへの愛」がそれである。「言論《ロゴス》の愛好 *philologia*」は、一つには、「書物への愛」に結実するものであるに違いない。古典を尊重する人文学に身を置くはしくれとして、むろん私も「書物好き」でありたい。伝統的な活字文化が近未来に絶滅しかねない今日的状況を憂慮してもいる。他方で、「ロゴス好き *philologos*」には、もう一つ別の意味合いがあってよい。「フィロロゴス」とは「言論《ロゴス》を愛する者」なのである。

言論に生きることに喜びを見出し「ロゴスをもつ生き物」と自称したのは、古代ギリシア人だった。その感化を受けたハイデガーも、相当の「言葉好き」だった。語源への偏愛ばかりではない。著述の公刊はもとより、講義に全力を注ぎ、講演を精力的にこなし、草稿書きに明け暮れた無類のロゴス愛は、百巻を超える全集に結晶している。それが昂じて死後えんえんと筆禍に遭っているほどである。自分の言葉を存分に述べ、記すことがよほど好きでないと務まらない境遇だろう。

私はそこまで筋金入りのフィロロゴスにはなれそうにないが、それでも、自分の考えを言い表わすのは好きである。生来の口下手ゆえ人前で話すのは苦手だが、文章を書いてそれを発表するのは——書く時の産みの苦しみを含めての話だが——愉しいと感じる。

本書を書き下ろすにあたって、私は、ハイデガーのテクストを読み解く作業に仮託して、自分自身の考えを思い切って述べようと思った。しかしまだまだ言い足りていない。とりわけ、終盤でふれた「戦争の神の死」や、平和憲法の「活用」をめぐっては、その重大さに比して、ほとんど何も語っていないに等しい。こういった絶好の話題を前にして、「言葉足らず」つまりロゴスの欠乏という弊に、われわれが陥っているとすれば残念なことである。ここは、「言論嫌い *misologos*」は「人間嫌い *misanthrōpos*」も同然だ、としたプラトンの説を拳々《けんけん》服膺《ふくよう》すべきだろう。

言論への愛にあふれた人間好きの人、加藤典洋氏が、昨年五月に亡くなった。死の直前に『9条入門』（創元社）という、いかにも論争好きの本を出されたのは、言葉に対する信頼に満ちた言論人の証だろう。氏の遺志をしかと継いで、われわれも憲法について大いに語り合うようにしたいものだ。ロゴスを愛することを学ぶこと。自分の言葉を大事にし、他人の言葉を尊重し、公的関心事をアッケラカンと議論すること——そういう意味での「フィロロギア」の精神が、核時代の経験にかけてはまぎれもなく先進的なこの国に、もっともっと浸透することを願っている。

二〇二〇年一月　森　一郎

森　一郎（もり・いちろう）

1962年、埼玉県生まれ。

東京大学文学部卒業、同大学大学院人文科学研究科博士課程中退。東京女子大学文理学部教授などを経て、現在、東北大学大学院情報科学研究科教授。博士（文学）。

専門は、近現代哲学史（ニーチェ、ハイデガー、アーレントなど）、現代における哲学の可能性。

著書に、『死と誕生』（2008年、東京大学出版会）、『死を超えるもの』（2013年、東京大学出版会）、『世代問題の再燃』（2017年、明石書店）、『現代の危機と哲学』（2018年、放送大学教育振興会）、『ハイデガーと哲学の可能性』（2018年、法政大学出版局）など。

いま読む！名著
核《かく》時《じ》代《だい》のテクノロジー論《ろん》
ハイデガー『技術とは何だろうか』を読み直す

2020年3月31日　第1版第1刷発行

著者　森　一郎
編集　中西豪士
発行者　菊地泰博
発行所　株式会社現代書館
〒102-0072　東京都千代田区飯田橋3-2-5
電話 03-3221-1321　FAX 03-3262-5906　振替 00120-3-83725
http://www.gendaishokan.co.jp/
印刷所　平河工業社（本文）　東光印刷所（カバー・表紙・帯・別丁扉）
製本所　積信堂
ブックデザイン・組版　伊藤滋章

校正協力：高梨恵一

ISBN978-4-7684-1019-6

活字で利用できない方のための
テキストデータ請求券
『核時代の
テクノロジー論』